초심자를 위한 크리스털 가이드

초심자를 위한 크리스털 가이드

1판 1쇄 인쇄　2024년 4월 5일
1판 1쇄 발행　2024년 4월 17일

지은이　캐런 프레이저
옮긴이　김철호
발행처　(주)수오서재
발행인　황은희 장건태
책임편집　마선영
편집　최민화 박세연
디자인　권미리
마케팅　황혜란 안혜인
제작　제이오
주소　경기도 파주시 돌곶이길 170-2 (10883)
등록　2018년 10월 4일(제406-2018-000114호)
전화　031 955 9790
팩스　031 946 9796
전자우편　info@suobooks.com
홈페이지　www.suobooks.com
ISBN　979-11-93238-27-1 (03180) 책값은 뒤표지에 있습니다.

초심자를 위한

크리스털 가이드

Crystals for Beginners

캐런 프레이저 지음
김철호 옮김

차 례

들어가며 11

1부 크리스털과 크리스털 힐링에 대해

1장 크리스털의 힘 17

2장 크리스털 컬렉션 시작하기 33

3장 치유에 크리스털 활용하기 51

4장 크리스털의 힘 극대화하기 63

2부 크리스털 깊이 알기

5장 모두를 위한 크리스털 10종 75

자수정*Amethyst* 76
블랙 투르말린*Black Tourmaline* 78
카넬리언*Carnelian* 80
황수정*Citrine* 82
백수정*Clear Quartz* 84
플루라이트*Fluorite* 86
헤마타이트*Hematite* 88
장미 수정*Rose Quart* 90
연수정*Smoky Quartz* 92
터키석*Turquoise* 94

6장 알아야 할 크리스털 40종 97

아게이트*Agate* 98
아마조나이트*Amazonite* 99
호박*Amber* 100
아메트린*Ametrine* 101
아파치 티어*Apache Tears* 102
아파타이트*Apatite* 103
아쿠아마린*Aquamarine* 104
아벤츄린*Aventurine* 105
칼사이트*Calcite* 106
칼세도니*Chalcedony* 107
댄버라이트*Danburite* 108
에메랄드*Emerald* 109
에피도트*Epidote* 110
푸크사이트*Fuchsite* 111
가넷*Garnet* 112
하울라이트*Howlite* 113
제이드*Jade* 114
재스퍼*Jasper* 115
카이아나이트*Kyanite* 116
래브라도라이트*Labradorite* 117
라피스 라줄리*Lapis Lazuli* 118
라리마*Larimar* 119
로드스톤*Lodestone* 120
말라카이트*Malachite* 121
몰다바이트*Moldavite* 122
문스톤*Moonstone* 123
흑요석*Obsidian* 124
오닉스*Onyx* 125
오팔*Opal* 126
페리도트*Peridot* 127

로도크로사이트*Rhodochrosite* 128
루비*Ruby* 129
사파이어*Sapphire* 130
셀레나이트*Selenite* 131
소달라이트*Sodalite* 132
탄자나이트*Tanzanite* 133
타이거 아이*Tigers Eye* 134
토파즈*Topaz* 135
투르말린*Tourmaline* 136
지르콘*Zircon* 137

3부 크리스털로 더 나은 삶 만들기

7장 크리스털 처방 141

학대 142
중독 145
화 148
불안 151
균형 154
경계 156
자비심 158
용기 160
결단력 162
부러움 165
용서 168
감사 170
슬픔 173
행복 175
내면의 평화 177
사랑 180
동기부여 182
부정성 184
인내 186
풍요 188
후회 191
거절 194
자신감 196
스트레스 198
신뢰 200

한눈에 보는 크리스털: 컬러 가이드 203
용어 설명 213
추가 정보 215
참고문헌 216
찾아보기 218

들어가며

우리는 몸과 마음, 정신에 엄청난 스트레스를 가하는 시대에 살고 있습니다. 섭취하는 음식부터 정치, 직장생활, 사회활동 등 일상을 이루는 거의 모든 것들이 우리 삶에서 균형을 앗아갑니다. 하지만 우리가 최적의 자아로 존재하기 위해서는 삶의 균형이 반드시 필요합니다.

몇 해 전 일입니다. 저는 직원들을 거의 신경 쓰지 않는 회사에서 강도 높은 업무를 하고 있었습니다. 출퇴근에만 몇 시간이 걸렸고, 제게는 활동적인 아들과 나보다 더 바쁘게 일하는 남편도 있었어요. 그렇게 매일 눈코 뜰 새 없이 바쁜 생활 속에서 저는 영양가 높은 식단 섭취, 규칙적인 운동, 여유를 누리고 균형을 찾게 해주는 다양한 활동 등 '해야 한다'고 여겼던 일들을 희생하고 있었습니다.

끊임없는 스트레스와 바쁜 업무에 시달리면서 제 삶의 모든 것이 고통받았습니다. 건강이 매우 나빠졌고, 주기적인 통증에 시달렸지요. 남편과 나누었던 정서적 친밀감도 누리지 못했습니다. 저는 불행했어요. 일과 개인의 삶이 과도하게 활동적이고 기쁨이 없는 상태에 빠졌다는 느낌이 들었습니다.

드물게 자유시간이 생긴 어느 토요일이었어요. 딱히 할 일이 없어 드라이브를 나가려 집을 나섰고, 북쪽으로 30분 정도 떨어진 곳에 있는 거대한 크리스털 비즈 가게에 도착했습니다. 자연스레 준보석 코너에 마음이 이끌린 저는 장신구를 만들 수 있는 여러 가지 원석과 재료들을 샀습니다. 이전에는 해본 적 없던 일이었습니다.

집으로 돌아와 책상에 앉아서 크리스털 비즈를 줄에 끼우면서 깊은 고요가 찾아오는 것을 느꼈습니다. 평소 흐리멍덩하고 바쁘기만 하던 마음이 한곳에 집중되어 있었습니다. 저는 저에게 존재하는지조차 거의 잊고 있었던 부분들에 연결되었어요. 제 안에서 기쁨이 꿈틀댔습니다. 원석 조각들을 매만지는 작업은 오랫동안 경험하지 못했던 명상적이고 행복한 상태를 제게 주었습니다.

크리스털이 관심 분야에 늘 들어 있기는 했지만 (30대에는 깊은 치유 경험도 있었어요) 삶의 뒤편으로 밀려나 있었습니다. 오랜 세월 크리스털을 사용하지 않았는데, 그날의 일이 크리스털의 긍정적인 경험을 떠올리게 했고, 새길을 열어주었습니다.

그 뒤로 저는 크리스털을 수집하고 관련 세션을 진행해왔습니다. 집안 여기저기에 크리스털을 모아두고 개인적인 치유 훈련과 에너지 힐링을 위해 찾아오는 사람들에게 사용하고 있지요. 크리스털은 이제 제 삶에서 중요한 부분이 되었고, 전작 《힐링을 위한 크리스털*Crystals for Healing*》에서 크리스털에 대한 지식을 나누기도 했습니다. 그 책은 크리스털에 대한 포괄적인 안내서였지만, 지난 몇 년 사이 크리스털 세션을 막 시작하려는 사람들에게 실질적인 도움이 필요하다는 것을 깨달았습니다. 그래서 이 책을 썼습니다. 독자들에게 기초적인 정보와 실질적인 적용법을 제공해 이 아름다운 광물들이 보여줄 수 있는 강력한 변화를 경험하도록 돕고 싶습니다.

An Introduction to Crystals and Crystal Healing

1부

크리스털과
크리스털 힐링에 대해

1장

크리스털의 힘

The Power of Crystals

오랜 세월 인류의 여러 문명이 크리스털을 가치 있게 여겨온 데에는 두 가지 이유가 있다. 하나는 그것들의 아름다움 때문이고, 또 하나는 각 크리스털이 지닌 몸과 마음과 정신의 치유를 촉진하는 고유한 파동 에너지 때문이다. 고대 메소포타미아, 이집트, 중국, 그리스를 비롯해 인류의 역사를 이룩해온 사회들은 이 치유 속성 때문에 크리스털을 사용해 왔다. 크리스털의 치유 속성이 천사나 악마로부터 온다고 믿었던 르네상스 시기에 이르러 주춤하기는 했지만, 이런 관습은 세대를 거쳐 지속되었다.

크리스털을 이용한 치유는 약 40년 전에 재등장하여 효과적인 치유 양식으로 꾸준히 인기를 넓혀가고 있다. 그러나 요즘 같은 과학의 시대에 어떻게 돌이 치유 같은 것을 불러일으킬 수 있는지 이해하기 어려울 것이다. 그 해답은 크리스털 내부에서 발견된 파동 에너지에서, 그리고 그것이 인간 에너지장을 포함한 주변의 에너지장에 영향을 미치는 방식에서 찾을 수 있다.

크리스털이란 무엇인가

크리스털은 땅에서 나는 자연 요소이다. 진정한 의미의 크리스털은 단위 셀들이 조직적으로 뭉쳐 있는 모습을 띠고, 이것이 결정 체계라고 부르는 고유한 격자 패턴을 이룬다. 크리스털에서 볼 수 있는 격자 패턴에는 여섯 가지가 있다(다음 쪽 참조). 내부 결정체 구조를 지니고 있지 않다는 점에서 진정한 크리스털이라 할 수는 없지만 '무정형' 크리스털로 알려진 보석 범주도 있다. 호박*amber*, 흑요석*obsidian*, 오팔*opal*, 텍타이트*textite* 등이 이에 속한다. 그들은 저마다 고유한 속성을 지니고 있다.

크리스털과 색상

크리스털의 색상은 우리가 크리스털에 느끼는 매력에 많은 영향을 준다. 색상은 크리스털의 에너지와 치유력에도 역할을 하는데, 그 작용 방식에 대해서는 뒤에서 더 자세히 살펴볼 것이다. 크리스털과 색상에 대해 알아야 할 기본적인 것들이 몇 가지 있다. 크리스털의 색은 다음의 세 가지 요소로 결정된다.

- 크리스털이 빛을 흡수하는 방식
- 크리스털이 함유한 특정한 광물질/화학성분
- 크리스털 내 불순물

광물질과 불순물은 크리스털이 흡수하게 되는 빛 파장과 그 결과로

크리스털의 격자 패턴

치유 크리스털에서 볼 수 있는 격자 패턴에는 여섯 가지가 있다.

✳ **육방정계 크리스털** 3차원 육변형을 닮은 내부 구조를 지닌다. 발현을 돕는다.

✳ **등축정계 크리스털** 내부 입방체 구조를 지닌다. 상황을 개선하고 에너지를 증폭한다.

✳ **단사정계 크리스털** 3차원 평행사변형 구조를 지닌다. 보호하는 에너지를 갖고 있다.

✳ **사방정계 크리스털** 다이아몬드 모양의 결정체 구조를 지닌다. 정화하고 맑게 하고 장애를 제거한다.

✳ **정방정계 크리스털** 직사각형 내부 구조를 지닌다. 끌어당기는 힘이 있다. 대상을 더 매력적으로 만들어주고, 대상을 끌어오는 데 도움을 준다.

✳ **삼사정계 크리스털** 세 경사 축이 있는 내부 구조를 지닌다. 원하지 않는 에너지를 차단하거나, 보존하고 싶은 에너지를 유지한다.

나타나는 색상에 영향을 미친다. 예를 들어, 크리스털이 모든 빛 파장을 흡수하면 검은색을 띤다. 만일 어떤 빛 파장도 흡수하지 않으면 투명한 빛깔이 된다. 불순물과 광물질/화학물질이 다르면 빛깔도 달라진다.

크리스털, 보석, 광물, 또는 암석?

흔히 크리스털을 이야기할 때 크리스털, 보석, 광물, 암석이라는 말을 혼용하는 경우가 많다. 사실, 호박(수액이 굳은 것)과 같이 크리스털이 아닌 물질 중에서도 크리스털이나 보석으로 불리는 것들이 있다. 구체적인 차이가 무엇인지 간단하게 살펴보자.

✳ **크리스털**: 결정체 내부 구조를 지닌 광물. 아게이트*agate*는 육방정계 크리스털이고, 광물이자 암석이다.

✳ **보석**: 절단하고 연마한 크리스털, 광물, 또는 암석. 컷 다이아몬드(광물이자 크리스털이자 암석인)는 보석 또는 원석이다. 호박과 진주는 원석으로 여겨지는 유기 물질이지만 크리스털도, 광물도, 암석도 아니다.

✳ **광물**: 특정 화학 조성을 지니고, 결정일 수도 있고 아닐 수도 있는 고도 정렬 구조를 지닌 자연 발생 물질. 오팔은 결정 구조를 지니지 않은 광물로, 원석이자 암석이지만 크리스털은 아니다.

✳ **암석:** 광물들의 집합 또는 조합. 여러 광물이 섞인 대리석은 오랜 시간 동안 열과 압력을 받아 생겨난 변성암이다.

천연과 인공

크리스털과 원석의 인기가 높아지면서, 작업실에서 만든 보석이 등장했다. 일반적으로 장신구에 사용되며, 크기, 색상, 선명도가 뛰어난 것들이 많다. 이런 보석들은 천연 크리스털에 비해 저렴하다.

천연 크리스털은 깊은 지하에서 수백 년, 수천 년, 또는 수백만 년에 걸쳐 형성된다. 그래서 많은 사람이 이런 크리스털들이 변치 않는 자연 에너지를 지니고 있다고 믿는다. 작업실에서 만든 크리스털들은 지구 에너지의 이점 없이 단시간에 형성된다. 그렇다고 에너지를 지니고 있지 않다는 말은 아니다. 이런 크리스털들도 에너지를 유지하는 결정 구조를 지니고 있다. 이런 결정 구조가 에너지의 순수성을 떨어뜨린다고 여기는 사람들도 있지만, 어떤 크리스털이든 사람의 손을 타면 에너지가 바뀐다. 따라서 모든 크리스털 에너지는 손이 닿는 순간 변화한다고 말하는 것이 안전하다. 내가 할 수 있는 최선의 조언은, 다양한 크리스털을 손에 쥐어보면서 어느 것이 그 순간 나에게 필요한 에너지를 주는지 직접 느껴보라는 것이다.

크리스털 전기

모든 사물은 에너지를 지니고 있다. 사실, 양자물리학은 근본적으로 모든 물질이 진동하는 전기 끈들로 이루어져 있음을 보여준다. 우리 몸도 그렇고, 크리스털도 그렇다.

인간은 우리가 상상하는 것보다 훨씬 훌륭한 에너지 측정기이다. 에너지나 에너지 치유에 대한 이해가 적은 사람들이라 해도 자신이 다른 사람과 '공명共鳴'하지 않는다는 것을 알아챌 때가 있다. 이때 우리는 에너지를 느끼는 것이고, 다른 누군가의 에너지 진동이 나의 에너지와 조화를 이루지 않는다는 것을 인지하는 순간이기도 하다.

동조

부정적인 사람이 주위에 있을 때 그 사람과 가까이 있는 것만으로도 기분이 가라앉았던 적이 있는가? 반대로 매우 긍정적인 사람 곁에서 기분이 좋아진 적이 있는가? 이것이 바로 동조로, '한 진동 체계가 다른 진동 체계에 영향을 주어 둘이 함께 동시성 속으로 들어가는 경향'이라고 정의할 수 있다.

생리 리듬*circadian rhythm*을 생각해 보라. '신체 시계'로 알려진 이 리듬은 우리를 빛과 어둠의 주기에 동조시켜 우리 몸에게 잠을 자야 할 때를 알려준다. 모든 포유동물은 뇌의 시상하부에 마스터 시계가 있어서, 활동적인 '시간 알림' 신호에 반응하여 깨어날 때와 잠들 때를 알려준다. 나의 훌륭한 '시간 알림' 신호 덕에 지난 몇 년 동안 알람 시계를 사용한 적이 없다. 신체 시계에 몸이 아주 잘 맞춰져 있기 때문이다.

크리스털의 전기 효과

나는 말보다 보이는 걸 선호한다. 어떤 일이 어떻게, 왜 일어나는지 알아가는 것을 즐긴다. 크리스털도 전혀 다르지 않았다. 크리스털에 대해 알아가는 동안 내가 매료되었던 요소 중 하나가 바로 아래에서 설명할 전기 효과이다.

압전 효과

압전 효과는 비전도성 크리스털이 기계적 압력을 받아 전하를 생성할 때 발생한다. 압전 효과를 지닌 크리스털의 하나인 수정*quartz*, 석영은 라디오와 시계를 비롯한 디지털 집적 회로 장치에 널리 쓰인다.

초전기 효과

사이언스데일리닷컴*ScienceDaily.com*에 따르면, 투르말린*tourmaline*과 같은 초전기 크리스털들은 가열하거나 냉각했을 때 전류를 생성한다. 〈물리학 저널*Journal of Physics*〉은 전력 변환과 적외선 감지를 비롯해 이에 대한 다양한 응용 사례들을 언급하고 있다.

파동 경험하기

모든 사물이 그렇듯이 크리스털들도 저마다 고유한 진동을 지니고 있다. 인체도 고유한 진동을 지니고 있어서 다른 진동과 만났을 때 동조하게 되어 있다. 따라서 우리가 크리스털 세션을 할 때 크리스털들은 동조를 통해 우리의 몸, 마음, 정신의 에너지를 변화시킬 수 있고, 크리스털의 진동 또한 어느 정도 변화하게 된다. 크리스털은 일반적으로 인체보다 높은 진동을 지니고 있어 우리의 진동을 높여주는 경향이 있다. 더 높은 수준으로 진동하는 것은 인간에게 유익한 일이다. 이는 우리를 정신적으로 진보하게 하고 정신적·육체적·정서적으로 더 긍정적인 방향으로 나아가게 한다.

과학 기술과 크리스털

수정은 압전 효과가 처음으로 입증된 1800년대 말부터 과학 기술에 이용되어 왔다. 고정밀 주파수로 진동하는 발진기를 만드는 데 쓰이는 수정은 정밀도가 필요한 기계에 많이 사용된다. 수정을 사용한 기계로는 수중 음파 탐지기, 시계, 햄 라디오ham radio 등이 있다.

✳ 군사용 라디오

한 논문에 따르면, 2차 세계대전 때 군대에서 양방향 무선 전송의 주파수를 제어하기 위해 수정 발진기를 사용했다고 한다. 이 발진기는 매우 정밀했지만 대량 생산이 어려웠다.

✳ 가전제품

광물교육연합Minerals Education Coalition의 광물자원 데이터베이스에 따르면, 컴퓨터 회로, 휴대전화, 그 밖의 유사 제품에 전자공학 급으로 생산된 수정을 사용한다. 천연 수정과 여타 압전 수정이 무작위 소리나 빛 같은 신호를 전송하거나 수신하는 실험적인 초기 컴퓨터를 만드는 데 원형 그대로 쓰였다는 씨넷CNet의 보고도 있다.

✳ 시계

석영 발진기는 그 정밀함 덕분에 시간 표시의 정밀함이 필요한 시계에 쓰이고 있다. 〈더 워치 컴퍼니The Watch Company〉에 따르면, 아주 작은 수정 조각을 사용해도 매우 정밀하게 발진하기 때문에 1년에 몇 초밖에 오차가 나지 않는다고 한다.

어떻게 하면 크리스털 에너지를 느낄 수 있을까

심령 소통이나 명상 같은 노력에 긴 시간을 쏟으면서 자신을 둘러싼 에너지에 고도로 조율된 신비가, 영매, 에너지 치유사, 형이상학자들에 대해 들어보았을 것이다. 그런 사람이 되라고 권하는 것이 아니다. 크리스털을 다룸으로써 에너지 변화를 경험하는 보통 사람들을 위해 실질적인 조언을 제공하는 것이 나의 목표이다. 어떻게 하면 의미 있는 방식으로 돌과 상호작용을 할 수 있을까?

✳ **경험에 대해 열려 있기.** 회의적인 마음이 드는 것을 이해한다. 크리스털 활용의 직접적인 결과로 변화를 알아차리는 경험을 처음 했을 때, 나는 깃털 하나에도 쓰러질 정도였다. 그런 종류의 일이 믿기지도 않았을뿐더러, 그날 집에서 나갔을 때 만일 누군가가 나에게 크리스털을 써서 지속적인 인후통을 없애는 데 도움을 줄 만한 의사나 치유사를 찾아가라고 얘기했다면 절대로 가지 않았을 것이다. 그랬다면 정말 안타까운 일이었을 것이다.

✳ **고정관념 내려놓기.** 대신, 어떻게 이런 것이 효과가 있을 수 있는지 여부에 대해 자신에게 어떤 이야기도 하지 말고, 호기심 어린 태도로 그저 경험하라.

✳ **결과에 대한 기대 내려놓기.** 나는 기대가 경험을 제한하는 것을 자주 느낀다. 그래서 어떤 경험을 할 때 기대를 품지 않으려고 노력한

다. 우주는 내가 나에 관해 상상하는 것보다 훨씬 광대한 계획을 하고 있을 수 있기 때문이다. 특정한 결과에 대한 기대를 품는 대신, 크리스털을 만지는 그 순간에 머물러 있으면서 그것이 자신을 어디로 데려가는지 지켜보라.

✳ **나를 강하게 끌어당기는 크리스털부터 시작하기.** 작업의 첫 대상으로 당신의 흥미를 끄는 크리스털을 골라보자. 그것이 내가 뒤에서 추천할 것 중 하나라면, 훌륭하다. 그렇지 않다고 해도 문제없다. 당신을 부르는 크리스털을 찾았다면, 그것을 치유 작업에 사용하라. 모르긴 해도 이유가 있어서 당신을 부르는 것일 테니.

크리스털과 관련한 경험은 사람마다 다르다. 나의 경험을 나누어줄 수 있지만, 결국 그것들은 여러분의 것이다. 따라서 나는 일단 시도해 보고 이후 느끼게 되는 모든 감각에 열려 있을 것을 권한다. 크리스털을 잡아라. 그 순간에 머물면서 어떤 일이 일어나는지 지켜보라. 생각나는 것, 감지되는 것, 느껴지는 것에 주의를 기울여라. 경험이 당신을 설득하도록 하라.

느끼기에서 변화하기로

크리스털을 잡았을 때 무엇을 경험하게 될까? 그것은 당신과 크리스털에 달려 있다. 느껴지는 것을 지켜보고 알아차려라. 일어나는 감정과 생각, 몸의 감각, 그 밖의 모든 것에 주의를 기울여라. 무엇이든 바꾸거나 막으려고 하지 말고, 그냥 그렇게 두라.

열린 마음으로 크리스털을 집어 들고 그 뒤에 일어나는 것들을 막지 않은 채로 알아차릴 때, 당신은 변화가 일어나는 것을, 진동이 바뀌는 것을 경험할 것이다. 그것은 미세할 수도, 천지를 요동케 하는 것일 수도 있다. 그냥 알아차리고 그대로 두라. 가만히 그 상태에 머무르면 변화는 스스로 일어난다.

크리스털에 관한 잘못된 믿음들

수많은 크리스털 세션을 해오는 동안 내가 들었던 근거 없는 이야기가 몇 가지 있다. 이제 그것들을 일소하려고 한다.

1 * **모든 것이 머릿속의 일이다.** 크리스털 세션의 목적은 우리를 머리에서 끄집어내 감각 속에 있도록 하는 것이다. 크리스털은 합리화나 설명을 요구하지 않는다. 크리스털 세션은 우리에게 경험의 기회를 제공한다. 만일 이 모든 것이 자신의 머릿속에서 일어나는 일이 아닐까 하는 의구심이 든다면, 생각을 멈추고 크리스털이 제공하는 감각들을 경험하라. 설명은 나중에 해도 된다.

2 * **크리스털이 이로움을 준다면, 해로움도 끼칠 수 있다.** 크리스털은 우리의 에너지에 동조할 수 있는 에너지로 진동한다. 그렇기 때문

에 우리의 의도와 마음가짐이 큰 역할을 한다. 만일 크리스털이 자신을 해치기를 기대한다면, 실제 당신의 경험이 될 수 있다. 이것은 사실이다. 우리의 믿음은 크리스털을 사용하든 플라세보 효과를 경험하든 약을 복용하든 상관없이 언제나 우리의 결과와 경험에서 역할을 한다. 즉, 당신이 경험하거나 달성할 수 있는 가장 좋은 결과를 위해 진동을 바꾸겠다는 의도로 크리스털에 접근한다면, 어떤 식으로든 해를 입을 가능성은 매우 낮다.

3 ✳ **크리스털을 사용하려면 종교적이거나 영적이어야 한다.** 내가 아는 사람 중 남편은 가장 덜 '뉴에이지'적이지만, 크리스털을 목에 걸고 다닌다. 그가 크리스털을 통해 충격적으로 커다란 변화를 직접 경험했기 때문이다. 크리스털을 사용하기 위해 영적이거나 어떤 식으로든 종교적일 필요는 없다. 크리스털은 그 어떤 종교나 영성과도 부딪치지 않는다. 필요한 것은 열린 마음과, 자신이 얻고자 하는 최고의 결과와 경험을 위한 변화에 대한 진지한 열망뿐이다.

4 ✳ **크리스털을 정화하지 않아도 된다.** 크리스털은 에너지를 흡수하기 때문에, 정화를 통해 불필요한 에너지를 청소하는 것이 중요하다. 정화 방법에 대해서는 3장에서 다룰 것이다.

5 ✳ **비싼 크리스털이 더 강력하다.** 수정은 가장 흔하고 저렴한 크리스털에 속하지만, 가장 강력한 크리스털이기도 하다. 크리스털에 쓴 돈의 액수와 크리스털의 효력은 전혀 관계가 없다. 중요한 것은 크리

스털이 나의 에너지에 어떤 영향을 주는가이다. 저렴한 크리스털이 나에게 가장 필요할 수도 있다.

초보자들의 실수

여러분이 나와 비슷한 사람이라면, 크리스털을 처음 사용하기 전에 모든 것을 완벽하게 알고 싶어할지도 모른다. 알아야 할 모든 것을 학습하기 위해 크리스털에 관한 정보들을 파헤치는 데 몇 달을 보낼 수도 있다. 하지만 크리스털 세션을 하기 전에 우리가 얻을 수 있는 것은 지적인 정보가 전부이다. 산더미 같은 자료들을 섭렵했다 해도 크리스털의 힘을 경험한 것은 아니다.

궁금한 것이 생기면 공부를 하되 절대로 경험을 희생하면서 하지는 말라. 아무 크리스털이나 잡아라. 나를 끌어당기는 것을 찾아라. 그것을 주머니에 넣어라. 착용하라. 손에 쥐라. 그런 다음에 공부를 계속하라.

나에겐 크리스털, 누군가에겐 돌

모든 사람이 한 가지 크리스털에 같은 반응을 하지는 않는다. 예를 들어, 내가 좋아하는 포틀랜드의 보석가게에 남편을 데리고 간 적이 있었다. 함께 이야기를 나누던 점장이 고진동 크리스털인 페너사이트phenacite가 담긴 트레이를 꺼냈다. 그전까지 페너사이트를 본 적도 없었던 나는 점장이 내 앞에 트레이를 놓았을 때 (손도 대지 않았다) 모든 에너지가 머리 쪽으로 솟구쳐 오르는 것을 느꼈다. 그저 기분이 좋았다고밖에는 달리 설명할 말이 없다. 그런데 남편은 아무것도 느끼지 못했다. 그렇다면 누구의 경험이 더 맞는 것일까? 어느 쪽도 아니다. 그냥 경험을 다르게 했을 뿐이다.

강의 시간에 학생들이 여러 가지 크리스털을 느껴볼 수 있도록 나누어주면 그들은 자신의 경험을 이야기한다. 어떤 것들은 비슷하고, 어떤 것들은 다르다. 똑같은 크리스털을 손에 쥔 두 사람이 완전히 다른 결과를 경험하기도 한다. 크리스털을 경험하는 방식은 당사자의 관점, 진동, 욕구, 신념 등에 따라 달라진다. 보통은 이런 요인들이 사람마다 다르기 때문이다. 마찬가지로, 똑같은 크리스털을 이용해 균형을 잡으려는 부분이 나와 친구가 서로 다를 수 있다. 양쪽 다 크리스털을 올바르게 사용한 것도, 잘못 사용한 것도 아니다. 단지 두 사람이 똑같은 크리스털을 향해 다른 욕구를 표현한 것뿐이다.

2 장

크리스털 컬렉션
시작하기

Starting a Crystals Collection

침실, 욕실, 사무실, 치유 스튜디오 등 내 주변은 온통 크리스털이다. 나는 크리스털 램프, 크리스털 북엔드, 크리스털 쟁반, 대형 크리스털 표본도 갖고 있다. 여러 해에 걸쳐 하나씩 사 모은 것들이다. 그러나 크리스털 컬렉션이라고 해서 삶의 구석구석을 크리스털로 채워야 한다는 것은 아니다. 자신에게 의미가 있다면, 두 개만으로도 한 컬렉션이 된다. 목표는, 이 책이나 다른 책들로부터 또 자신의 직관 같은 것으로부터 배운 바에 따라 하나하나를 주의 깊게 고르는 것이다.

우리가 크리스털을 선택하는 만큼 크리스털이 우리를 선택한다는 것이 나의 믿음이다. 어떤 크리스털은 일시적으로 특정한 필요를 충족시키기 위해 우리를 찾아올 수도 있다. 어떤 것들은 사용하고 나서 다른 사람에게 양도하여 도움이 되어주기도 한다. 아름다움에 끌려서 샀던 크리스털이 평생의 동반자가 될 수도 있다. 이 모든 것이 크리스털을 선택하는 타당한 이유가 된다.

목록 만들기

어떤 것이든 크리스털을 가지고 있는가? 없다면 다음 섹션으로 건너뛰고, 크리스털이 있다면 계속 따라오라.

가지고 있는 크리스털의 이름을 안다면

그 크리스털의 속성에 대해 얼마나 알고 있는가? 5장의 '모두를 위한 크리스털 10종'과 6장의 '알아야 할 크리스털 40종'을 읽고, 자신의 크리스털이 지닌 속성들과 실질적인 사용법을 알아보라. 갖고 있는 크리스털이 이 책의 목록에 들어 있지 않다면, 215쪽의 '추가 정보'에 나와 있는 온라인 자료들로부터 유용한 정보를 얻을 수 있다.

컬렉션을 늘려갈 때, 아직 갖고 있지 않다면 '다용도*workhorse*' 크리스털 10종을 추가하는 것을 고려하라. 용도가 아주 많은 이 크리스털들이 컬렉션을 시작하는 모든 이에게 필수가 되어줄 것이다. 정보는 38쪽에 나와 있다.

가지고 있는 크리스털의 이름을 모른다면

크리스털의 치유 효과를 얻기 위해서 반드시 이름을 알아야 할 필요는 없지만, 이름을 알면 더 구체적인 용도를 찾을 수 있다. 203쪽 이하에 나와 있는 색상에 따른 크리스털 목록을 참고하면 이름을 알아내는 데 도움이 된다. 거기에서 시작하라. 그래도 크리스털의 이름을 알 수 없다면, 도움이 되는 온라인 자료들을 정리해 놓은 215쪽의 '추가 정보'를 참고해 보자.

크리스털의 이름을 알게 됐다면, 다용도 크리스털 10종 중에 가지고 있지 않은 게 무엇인지를 확인하라. 그 목록의 빈칸을 채워가는 것이 컬렉션을 시작하는 좋은 방법이다.

어디서 살 것인가

오프라인과 온라인 모두 크리스털을 살 수 있는 곳은 많다. 크리스털을 만지면서 에너지를 느껴볼 수 있어서 나는 직접 보고 사는 걸 좋아하지만 가끔은 온라인으로 구매한다.

크리스털/초자연 상점

미국의 많은 마을과 도시에 크리스털 판매점이 있다. 이런 가게들은 초자연 서점으로 등록되어 있을 수도 있고, 크리스털 상점이나 뉴에이지 숍으로 등록되어 있을 수도 있다. 대부분은 크리스털에 대해 잘 아는 직원들이 구매 전에 크리스털을 만지게 해준다.

크리스털·광물·보석 쇼

미국 내 각지에서 열리는 광물이나 크리스털 순회 쇼는 크리스털을 구입할 수 있는 아주 좋은 기회로, 선택의 폭이나 가격 면에서 최상이다. 입장료를 내야 할 수 있으며 해당 지역에서 1년 중 며칠 동안만 열리기 때문에 사전 계획이 필요하다. 판매인들은 대부분 지식이 풍부하며 구매 전에 크리스털을 만져볼 수 있다.

온라인

내가 애용하는 HealingCrystals.com(215쪽 참조)처럼 크리스털만 전문으로 판매하는 소매점이나 더 큰 소매상, 경매, 또는 eBay, Etsy, Amazon 같은 공예 사이트 등을 포함한 온라인 소매점들을 찾아볼 수 있다. 믿을 만한 판매자인지 확실히 하기 위해, 구매를 결정하기 전에 판매자의 피드백을 확인하는 것이 좋다.

크리스털의 모양

가게나 온라인에서 볼 수 있는 크리스털의 기본적인 모양/유형에는 천연(원석)과 가공(연마, 컷, 조각)의 두 가지가 있다. 천연석과 가공석 사이에 에너지의 질이 어떻게 다른지 묻는 사람들이 많다. 일반적으로 천연석이 더 강한 에너지를 지니는 경향이 있지만, 반드시 '더 좋다'는 뜻은 아니다. 때에 따라 가공석에서 나오는 미세한 에너지가 필요한 사람들도 있다.

원석

가공하지 않은 천연석 또는 원석은 땅에서 캐냈을 때의 모습과 매우 유사하게 보인다. 특정 부분에서 더 작은 돌로 깨어졌을 수도 있지만, 보통 인간의 손길이 전혀 닿지 않은 본래의 자연적인 모습을 유지하고 있다. 이 범주에서는 다음과 같은 것들을 볼 수 있다.

✳ **블레이드:** 카이아나이트*kyanite*에서 볼 수 있는 것과 같은, 울퉁불퉁하게 잘린 길고 납작한 돌. 워리 스톤*worry stone*으로 많이 쓰인다. 평평하고 매끄러운 블레이드를 엄지손가락으로 문지르면 스트레스 진정 효과가 있다.

✳ **클러스터:** 수정이나 자수정*amethyst* 덩어리와 같은 결정들의 집합. 에너지의 방향을 잡아주는 데 자주 쓰인다.

✳ **지오드:** 결정들이 가장자리를 둘러싸고 가운데가 비어 있는 돌. 훌륭한 장식용 크리스털이다.

✳ **포인트:** 연수정*smoky quartz*처럼 한쪽이 평평하고 다른 쪽 한 군데가 뾰족하거나(단일 종단) 하키마 다이아몬드*herkimer diamonds*처럼 두 군데가 뾰족한(이중 종단) 돌. 뾰족한 쪽으로 에너지를 흐르게 한다.

✳ **러프 결정:** 아게이트에서 볼 수 있는 것과 같이 특정한 모양이 없는 돌처럼 보이기도 한다. 크기에 따라 거의 모든 유형의 에너지 세션에 사용할 수 있다.

✳ **완드:** 셀레나이트*selenite*에서 볼 수 있는 것과 같은, 인위적으로 형태를 만들지 않은 가늘고 긴 자연석 조각. 워리 스톤으로 많이 쓰인다.

연마석과 컷 스톤

이런 돌들은 매끄럽고 광택이 있다. 자연적인 형태를 유지한 채 광택을 낸 것도 있고, 여러 가지 모양으로 절단하거나 깎아낸 것도 있다 (42쪽 참조).

다용도 크리스털

모든 크리스털이 고유한 치유 속성을 지니고 있지만, 그중에는 다른 것들보다 더 강력한 것도 있고 더 다재다능한 것도 있으며, 강력함과 다재다능함을 모두 갖춘 것도 있다. 5장에서 이런 크리스털 10종에 대해 더 상세히 살펴보게 될 텐데, 일단은 이것들을 크리스털 초보자 키트, 누구나 지녀야 할 기본 정도로 생각하자.

1 ✳ **백수정**clear quartz 어떤 크리스털을 사용해야 할지 모르겠다면 백수정으로 시작하라. 모든 유형의 에너지에 반응하는 크리스털이다.

2 ✳ **연수정**smoky quartz 부정적 에너지를 긍정적인 것으로 변환해 주는 발현의 효과가 있어 내가 가장 많이 사용하는 크리스털이다.

3 ✳ **황수정**citrine 자존감과 풍요를 증진한다.

이 세 가지 크리스털은 다양한 에너지 문제를 다룰 때 도움을 주는 강력한 컬렉션이다. 여기에 더 다재다능한 크리스털들로 컬렉션을 채우고 싶다면 다음의 것들을 추가하라.

4 ✳ **장미 수정**rose quartz 무조건적인 사랑과 로맨틱한 사랑을 포함하여 모든 유형의 사랑을 북돋운다.

5 ✳ **자수정**amethyst 꿈의 힘뿐만 아니라 더 높은 영역으로부터 오는 직관이나 안내와의 접속을 돕는다.

6 ✳ **블랙 투르말린**black tourmaline 보호하며 그라운딩grounding 하는 크리스털로, 부정적인 에너지를 막아준다.

7 ✳ **레인보우 플루라이트**rainbow fluorite 직관력을 높여주고, 사랑을 증진하며, 명확한 의사소통을 촉진한다.

8 ✳ **카넬리언**carnelian 적절한 경계를 설정하게 하고, 진실성과 창의성을 북돋운다.

9 ✳ **헤마타이트**hematite 보호하며 그라운딩 하고 집중을 돕는 크리스털로, 원하는 에너지를 끌어당겨 준다.

10 ✳ **터키석**turquoise 행운, 풍요, 개인적 힘을 북돋운다.

1
3
2
4
5
6
7
8
9
10

한 가지 돌, 여러 가지 이름

최근 일부 사람들이 크리스털에 상표명을 붙여서 판매하기 시작했다. 그중에는 상표등록까지 마친 것도 있다. 의약품이 그렇듯이, 상표명이 붙은 모든 크리스털에는 동일한 속성을 지닌 훨씬 저렴한 '무명' 제품들이 있다. 상표명이 붙은 것과 그렇지 않은 것 사이에는 가격 외에 아무런 차이가 없다. 상표명이 붙은 이유는 대개 그 이름을 붙이는 사람들이 소유한 부동산의 특정한 지역에서 나오기 때문인데, 지역은 크리스털의 속성에 거의 또는 전혀 영향을 미치지 않는다.

- 'Amazon Jade'는 아마조나이트*Amazonite*이다.
- 'Aqua Terra Jasper'는 수지*resin*이거나 오닉스*onyx*이다.
- 'Atlantis Stone'은 라리마*larimar*이다.
- 'Azeztulite'는 백수정으로, 속성도 같다.
- 'Boji Stone'은 상표명 없는 캔서스 팝록*kansas poprock*이나 컨크레이션 스톤*concretion stone*으로도 검색된다.
- 'Healerite'는 대개 크리솔라이트*chrysolite*로 검색된다.
- 'Isis Calcite'는 화이트 칼사이트*calcite*의 브랜드명이다.
- 'Lemurian Light Crystal'은 레무리안 수정*lemurian quartz*의 브랜드명이다.
- 'Mani Stone'은 흑백색 재스퍼*black-and-white jasper*이다.
- 'Master Shamanite'는 블랙 칼사이트와 같다.
- 'Merkabite Calcite'는 화이트 칼사이트이다.

※ 'Revelation Azezulite'는 브라운 또는 레드 재스퍼이다.

※ 'Sauralite Azezulite'는 뉴질랜드산 수정이다.

※ 'Zultanite'는 다이어스포어*diaspore*이다.

※ 'Agape Crystal'은 다음 일곱 가지 결정의 조합이다. 백수정, 연수정, 금홍석 함유 수정, 자수정, 침철석*goethite*, 레피도크로사이트*lepidocrosite*, 카콕세나이트*cacoxenite*.

나의 크리스털 찾기

앞에서 다용도 크리스털 10종을 언급하면서 그중 가장 활용도가 높은 세 가지 크리스털을 짚어보았다. 그것들을 모두 사야 한다는 말은 아니다. 특정한 문제에 도움을 줄 크리스털을 찾고 있다면, 7장에서 아이디어를 얻어보자. 물론 나를 위해 일해줄 크리스털을 찾는 다른 방법들도 있다.

결정 체계로 고르기

모든 크리스털은 특정한 속성을 지닌 서로 다른 결정 체계의 일부이다. 각 크리스털의 결정 체계는 5장과 6장에 나와 있다. 결정 체계에는 다음과 같은 것들이 있다.

※ **육방정계**: 발현케 한다.

※ **등축정계**: 상황을 개선하고 에너지를 증폭한다.

연마된 돌의 신성기하학

구체와 다면체를 포함한 다양한 형태로 연마한 크리스털을 볼 수 있는데, 형태에 따라 속성도 달라진다. 이런 형태들로 연마한 보석으로 세션을 하면 보석 자체의 속성과 신성한 형태의 속성을 동시에 활용할 수 있다.

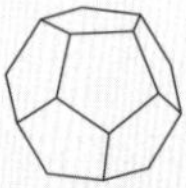

✻ **십이면체** 4원소와 연관되어 있으며, 직관과 더 높은 영역에 연결해 준다.

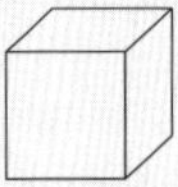

✻ **육면체** 입방체라고도 하며, 땅 원소를 표현한다. 그라운딩 하고 안정시킨다.

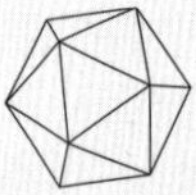

✻ **이십면체** 물 원소와 연관되어 있다. 변화와 흐름에 연결해 준다.

✻ **머카바** 3차원 별로, 상위 다면체 다섯 가지를 모두 품고 있어서 각각의 모든 효과를 결합한다. 신성한 진리 및 영원한 진리의 에너지와 연관되어 있기도 하다.

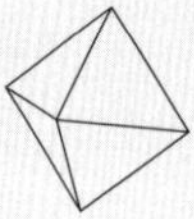

✻ **팔면체** 바람 원소를 표현하며 자비심, 친절, 용서, 사랑을 북돋운다.

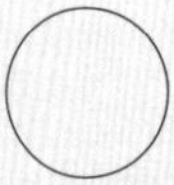

✻ **구체** 완벽함, 온전함, 단일성의 에너지를 지니고 있다.

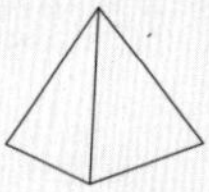

✻ **사면체** 불 원소와 연관되어 있으며, 균형, 안정, 변화 창조 능력을 북돋운다.

※ **단사정계**: 보호하고 지켜준다.

※ **사방정계**: 정화하고, 맑게 하고, 열어주고, 해소한다.

※ **정방정계**: 끌어당긴다.

※ **삼사정계**: 에너지를 간직하거나 밀어낸다.

※ **무정형계**: 다양한 속성을 지닌다.

색으로 고르기

색의 중요성은 개인적 선호를 훨씬 뛰어넘는다. 모든 색상은 치유 속성과 연관된 고유한 진동 에너지를 지닌다. 그 다양한 속성에 대해서는 다음 장에서 다룰 것이다. 색상의 치유 원리에 따라 발현을 원하는 속성을 지닌 결정계의 크리스털을 선택한다면, 특정한 조건에 맞는 크리스털을 정확하게 고를 수 있다.

느낌에 따라 고르기

나는 직관으로 크리스털을 고른다. 가능한 모든 경우에 크리스털을 손에 쥐고 어떤 느낌이 드는지 살핀다. 나를 편안하게 하는지 불편하게 하는지, 무거운 느낌인지 가벼운 느낌인지, 그 밖에 내 안에서 일어나는 모든 감각에 집중한다. 만족스러운 느낌이 들면 그 크리스털을 구입한다. 그렇지 않다면 그냥 내려놓는다.

어떤 크리스털에서 한번 안 좋은 느낌을 받았다고 해서 다시는 그 종류의 크리스털을 거들떠보지 말라는 말은 아니다. 우리의 욕구가 변하면 크리스털도 변해 우리에게 공명할 것이다. 겉모습을 따지지 말고 크리스털이 발산하는 모든 매력에 주의를 모으라. 만일 나를 끌어당기는 크리스털이 있다면, 그것이 나를 선택하고 있는 크리스털임을 믿으라.

크리스털 페어링

와인과 음식의 관계와 마찬가지로, 어떤 크리스털들은 짝을 이루면 한 가지를 모아놓았을 때보다 더 좋아지는 것들이 있다. 이렇게 합이 맞는 크리스털들은 에너지를 모으는 데 도움을 주는 보완적 에너지를 지니고 있다. 예를 들어, 모든 크리스털의 에너지는 백수정과 짝을 이루었을 때 증폭된다. 합이 잘 맞는 다른 조합에는 다음과 같은 것들이 있다.

✳ **연수정과 아파치 티어***apache tear*

슬픔에 빠진 사람들을 위한 강력한 조합이다. 아파치 티어는 슬픔을 통과하는 데 도움을 주고, 연수정은 부정적 에너지를 긍정적인 것으로 변환시킨다.

✳ **자수정과 래브라도라이트***labradorite*

더 편안한 야간 수면을 돕는다. 자수정은 불면증에 매우 좋고, 래브라도라이트는 악몽을 가라앉히고 좋은 꿈을 촉진한다.

✳ **황수정과 블랙 투르말린**

풍요 속에 안주하게 해주는 조합이다. 황수정은 풍요의 보석이고, 블랙 투르말린은 그라운딩 하고 부정적인 에너지를 막아주며, 풍요를 방해하는 생각을 제거하는 데 도움을 준다.

✳ **장미 수정과 루비 또는 가넷**

관계를 위한 훌륭한 조합이다. 장미 수정은 모든 종류의 사랑을 북돋아 주고, 루비와 가넷도 마찬가지이다. 더불어 루비와 가넷은 그라운딩 해주기 때문에, 사랑을 경험하는 동안 우리를 안정시키고 사랑 속에서 자신을 잃지 않도록 해준다.

✳ **블랙 투르말린과 백수정**

남성적인 에너지와 여성적인 에너지의 균형을 맞춰주고 균형 잡힌 에너지의 자유로운 흐름을 촉진한다.

크리스털 동굴

지구에서 가장 큰 크리스털을 보고 싶다면 멕시코 치와와에 있는 케이브 오브 크리스털Cave of Crystals을 찾아가면 된다. 크리스털로 가득한 이 거대한 동굴은 엄청난 셀레나이트의 보고로, 2000년 한 형제가 나이카 광산을 지하 300미터쯤 파 내려가다 발견했다.

거대하고 화려한 크리스털들이 바닥에서 천장까지 솟아 있는 이 특별한 동굴에는 길이가 9미터가 넘는 크리스털들이 즐비하다. 가장 큰 것은 길이 12미터에 지름 4미터, 무게는 55톤 정도이다. 세계에서 가장 큰 크리스털이 자랄 수 있었던 것은 이 동굴의 열과 습도의 조합 덕분이다. 최고 온도 59도에 습도는 99퍼센트까지 올라간다.

크리스털 구입을 위한 일곱 가지 팁

나에게 크리스털 쇼핑은 계획적인 활동이다. 날을 잡고 마음에 드는 크리스털을 찾아 하루 종일 상점들을 샅샅이 뒤지는 것을 좋아한다. 크리스털 구매를 위한 나만의 일곱 가지 팁을 공개한다.

1 ✳ **먼저 차분해지라.** 크리스털 가게 안의 에너지가 혼란스럽게 느껴질 때가 있다고 말하는 사람들이 많다. 가게에 들어서기 전에, 눈을 감고 발밑에서 땅속으로 자라나고 있는 뿌리를 상상해 보라. 가게에

있는 동안 현기증이 느껴질 때는 검은 보석을 집어서 그 느낌이 사라질 때까지 들고 있으라.

2 ✳ **질문하라.** 보석 쇼나 전시회를 간다면 또는 보석 전문점을 찾아간다면, 자신에게 맞는 크리스털을 찾는 데 도움을 줄 수 있는 전문가들을 만날 수 있다. 대부분 고객의 질문을 반가워하기 때문에 크리스털에 대해 배울 좋은 기회이다. 이런 귀한 자원들을 이용하라.

3 ✳ **끌리는 곳으로 가라.** 주의를 집중하고, 가게 안에서 어떤 끌리는 느낌이 있다면 그곳으로 가라. 무엇이 나를 끌어당기고 있는지 보라. 크리스털을 구매할 때 직관을 따르는 것도 훌륭한 선택이 된다.

4 ✳ **만져보라.** 가게에서 보석을 사기 전에 반드시 손에 들고 어떤 느낌이 드는지 살펴야 한다. 구입 전에 만져보는 것을 허락하지 않는다면, 다른 가게를 찾아가라.

5 ✳ **판매점의 평판을 확인하라.** 구입하기 전에 가게에 대해 어느 정도 알아보라. 전통적인 상점이라면 옐프*Yelp* 같은 사이트를 찾아보거나 추천인들을 찾아보라. 온라인 상점이라면 후기를 통해 판매자의 평판을 확인하라.

6 ✳ **처음 본 것을 사지 말라.** 번쩍이는 물건들에 둘러싸였을 때, 압도당하거나 지나치게 흥분해서 처음에 눈을 사로잡은 예쁘고 반짝거

리는 것을 집어 들기 쉽다. 이거다! 사자! 보석과 광물 쇼에서 특히 더 그렇다. 이 가게 저 가게 둘러보며 가격을 비교하고 당신을 가장 끌어 당기는 크리스털의 가장 좋은 가격을 알아보라.

7 * **상표가 붙은 크리스털에 속지 말라.** 어떤 크리스털의 이름을 알아보지 못하겠다면, 판매상에게 그것이 상표명인지 물어보라. 만일 그렇다면, 상표 없는 버전으로 다시 찾아보라. 온라인이나 스마트폰으로 검색해 그 보석에 대한 더 많은 정보를 알아보자. 스마트폰 앱을 이용해 그것이 상표명이 붙은 크리스털인지 아니면 덜 비싼 일반 버전인지 알아볼 수도 있다(앱스토어에서 'Healing Crystals'를 검색해 보라).

3 장

치유에 크리스털 활용하기

Using Crystals for Healing

인간은 육체 이상의 존재이다. 인간은 마음이자 감정이기도 하며, 일부 사람들이 상위 자아 또는 영혼이라 부르는 정신적 영역을 지니고 있다. 에너지는 우리의 이러한 세 영역 사이를 흐른다. 모든 면에서 진정으로 건강해지려면 반드시 세 영역 전체에 마음을 써야 한다. 그 에너지 흐름이 최적의 균형을 유지해야 한다. 그러기 위해서는 에너지가 넘치는 영역은 없애거나 빨아들이고, 너무 적은 영역에서는 늘리며, 에너지가 흐르지 못하는 곳에서는 장애를 제거해 몸과 마음, 정신 건강에 최적으로 조율된 주파수로 진동해야 한다. 크리스털은 이런 모든 방법으로 에너지 흐름을 조절하여 우리의 행복을 완성하는 데 도움을 준다.

크리스털이 치유할 수 있는 것들

그렇다면 크리스털은 정확히 어떻게 치유를 할 수 있으며, 어떤 종류의 치유를 하는 걸까? 사실 크리스털이 치유를 낳는 것은 아니다. 크리스털은 우리의 몸이 동조하거나 흡수하는 에너지와 함께 진동할 뿐이며, 이 에너지를 끌어옴으로써 치유를 행하는 것은 우리 자신이다.

몸

몸은 물질적 영역이다. 크리스털은 물질적 에너지의 균형을 맞춰줌으로써 신체의 변화를 가져올 수 있다. 이런 변화에는 두통, 무기력과 탈진, 그 밖에 유사한 신체 증상을 덜어내는 일도 포함된다. 실제로 나는 크리스털로 만성적인 인후통을 치료한 적도 있다. (주의: 크리스털을 절대로 입에 넣으면 안 되며, 자격 있는 건강관리 제공자의 처방을 크리스털로 대신하지 말라.)

마음

마음은 물질적이면서(뇌와 신경 시스템) 비물질적이다(감정, 꿈, 생각 등). 크리스털의 진동은 마음 에너지들의 균형을 맞춰 치유를 일으키는 데 도움을 준다. 크리스털이 완화해 줄 수 있는 상황으로는 스트레스, 감정적 문제, 불면증, 악몽, 불안, 우울, 슬픔, 열정 상실 등이 있다.

정신

정신은 순전히 비물질적인 영역이다. 크리스털은 믿음, 무조건적 사랑, 용서, 자비심 같은 영적 에너지들의 균형을 맞추는 데 도움을 줄 수 있다. 또한 상위 자아, 영혼, 또는 더 높은 힘과의 소통을 촉진하기도 한다.

크리스털 정화하기

우리가 크리스털의 에너지와 동조하는 것과 마찬가지로, 크리스털도 주변의 에너지와 동조한다. 따라서 누군가가 크리스털을 만지거나 위치를 바꾸면, 크리스털의 진동 에너지가 미세하게 바뀔 수 있다. 이런 상황을 막으려면 크리스털을 정기적으로 정화하는 것이 중요하다. 어떤 방법이든 상관없지만, 나는 간편함 때문에 싱잉 볼이나 인센스를 선호한다.

✳ **달빛으로 정화하기.** 달빛은 크리스털을 정화한다. 밤새 창턱이나 밖에 크리스털을 놓아둔다.

✳ **석영 침대에서 재우기.** 큰 석영 지오드가 있다면 그 안에 작은 크리스털들을 12시간에서 24시간 동안 놓아둔다.

✳ **싱잉 볼로 정화하기.** 나에게는 크리스털 싱잉 볼과 놋쇠 싱잉 볼이 있다. 만일 이런 것들이 있다면 크리스털을 들고 가까운 곳에서 싱잉 볼을 울린다.

✳ **인센스로 정화하기.** 세이지*sage* 다발이나 향 스틱을 태워서 연기가 크리스털 위로 흐르게 한다. 많은 크리스털을 한꺼번에 정화하는 훌륭한 방법으로, 내가 좋아하는 정화법이다.

✳ **소금 또는 물로 정화하기.** 바닷소금이나 물, 또는 소금물로 크리스털을 정화하라고 권하는 사람들이 가끔 있다. 하지만 나는 이 방법을 사용하지 않는다. 소금, 물, 또는 소금물에 해를 입는 크리스털이 있기 때문이다. 어떤 천연 크리스털도 소금, 물, 또는 소금물로 정화해서는 안 되며, 아래의 크리스털들도 절대로 안 된다.

- 호박
- 칼사이트
- 카이아나이트
- 말라카이트
- 문스톤
- 오팔
- 셀레나이트
- 토파즈

크리스털 프로그래밍하기

에너지 세션에서는 의도가 중요한 역할을 한다. 반드시 그럴 필요는 없지만, 특정한 에너지와 관련된 작업을 하고 싶다면 정화한 크리스털에 의도를 프로그래밍할 수 있다. 이것은 특히 크리스털이 몇 개밖에 없을 때 유용하다. 예를 들어 백수정은 거의 모든 에너지에 작용하지만, 의도를 프로그래밍하면 훨씬 더 강력하게 만들 수 있다. 크리스털을 프로그래밍하는 방법은 다음과 같다.

✳ **주는 손(몸으로부터 에너지를 내보내는 손으로, 대개는 자주 쓰는 손)에 크리스털을 쥔다.** 눈을 감고 의도를 상상한다. 예를 들어 의도가 풍요라면, 크리스털을 쥔 채로 "나는 풍요롭다" 확언을 반복한다.

✳ **의도가 빛으로 변한다고 상상한다.** 그리고 그 빛이 팔을 통해 손으로, 그리고 크리스털로 움직인다고 상상한다. 이 과정을 3분에서 5분 동안 진행한다.

크리스털 관리하기

크리스털 관리는 크리스털을 좋은 환경 속에 유지하게 할 뿐 아니라 가능한 최고의 진동 상태를 잃지 않도록 해준다. 크리스털 관리법은 다음과 같다.

✳ **최소한 한 달에 한 번 정화한다.** 정화할 시기를 기억하기 좋도록, 보름날마다 할 것을 권한다. 장시간 사용했을 때나 처음 집 안에 들여놓을 때도 반드시 정화한다.

✳ **세심하게 보관한다.** 크리스털을 하나하나 싸서 보관하면 흠집을 방지하고 진동 에너지를 유지하는 데에도 좋다.

✳ **노출 전시하는 것들은 부드러운 천으로 닦아준다.** 부드러운 극세

사나 면 헝겊이 좋고, 아니면 깃털 스타일의 먼지떨이를 사용해도 된다. 너무 거친 천은 피해야 한다.

사용할 크리스털 고르기

크리스털 컬렉션이 어느 정도 규모가 되었다면, 그중에 어느 것을 사용해야 할까? 선택에는 몇 가지 방법이 있다.

✳ **"어떤 크리스털이 필요한가?" 하고 물은 뒤 대답에 귀를 기울인다.** 내가 주로 쓰는 방법이다. 치유가 필요하다고 생각하는 것이 실제로 필요하지 않을 때가 있기 때문이다. 물음은 모든 고정관념을 없앤다.

✳ **책이나 온라인을 통해 크리스털의 속성과 조건을 두루 살펴본다.** 색상과 결정 체계에 근거해 크리스털을 선택한다. 최선의 지식으로 그 순간에 적합한 크리스털을 찾아보자.

✳ **근육 테스트를 이용한다.** 크리스털을 몸의 아무 데나 놓는다. 그리고 주는(자주 쓰는) 손의 검지를 뻗은 상태에서 같은 손의 중지로 누르면서 검지를 버텨보라. 버티는 힘이 강하면 지금은 그 크리스털이 필요하지 않은 것이고, 힘이 강하지 않으면 그것이 세션에 사용할 크리스털이다.

✳ 직감을 따른다. 나를 끌어당기는 크리스털을 선택한다.

크리스털 활용을 위한 실질적인 팁

크리스털은 여러 가지로 활용할 수 있다. 가장 흔한 방법은 크리스털을 손에 쥐거나 몸에 올려놓고 명상하는 것이다. 물론 다른 방법들도 많다. 앞으로 책에서 특정 크리스털과 조건들에 관한 조언과 활용법을 함께 다룰 텐데, 아래는 실제 응용을 위한 추가 제안들이다.

1 ✳ 크리스털을 이용해 보석수를 만든다. 정화한 깨끗한 크리스털을 생수가 담긴 그릇에 넣어 두 시간 동안 햇빛에 놓아둔다. 크리스털을 꺼낸 뒤 물을 필요한 만큼 마신다. 60쪽의 '크리스털 안전 수칙'에 나와 있는 크리스털들은 사용하면 안 되고, 사용하는 크리스털에는 부스러기나 먼지, 때 같은 것이 없도록 한다.

2 ✳ 플루라이트*fluorite* 한 조각을 일하는 의자 바닥에 테이프로 붙이면 집중하는 데 도움이 된다.

3 ✳ 창의성 고양이 필요한 날이라면 카넬리언을 바지 주머니에 넣고 다니거나 팔찌로 착용한다.

4 ✳ 첫 데이트나 프러포즈, 그 밖의 로맨틱한 만남에서 좋은 결과를 얻고 싶다면 장미 수정을 긴 펜던트로 착용해서 심장의 중심에 오도록 한다.

5 ✳ 목욕물에 크리스털을 넣어둔다. 물을 빼기 전에 크리스털을 꺼

낸다.

6 ✳ 부정적인 감정이나 에너지 부족을 느끼는가? 호박은 행복과 에너지를 둘 다 고양하는 완벽한 크리스털이다. 호박을 피부에 가깝게, 특히 팔찌나 반지로 착용해 보라.

7 ✳ 연수정처럼 긍정적 에너지를 지닌 크리스털이나 블랙 투르말린처럼 부정적 에너지를 흡수하는 크리스털들을 물건이나 집 주변 여기저기 놓아두어 부정적 에너지를 제지한다. 저렴한 크리스털 조각이나 비즈도 사용할 수 있다.

기대할 수 있는 변화

에너지 세션을 할 때, 에너지는 언제나 우리의 가장 높고 가장 좋은 에너지와 동조하는 길을 찾으려 한다. 자신에게 필요하다고 생각하는 변화가 때로는 최선이 아닐 때도 있다. 결과에 대한 모든 기대를 버리고, 자신에게 도움이 되는 것이 일어나도록 허용하라. 기대를 설정하고 거기에 매달리면 결과가 제한된다. 우리가 상상하는 것은 대개 우주가 제공하는 것보다 작기 때문이다. 우리에게 최선의 도움을 주는 것이 우리가 생각하는 것과 다른 모습일 수도 있다.

"해야 한다"나 "할 수 있다" 같은 표현을 최대한 자제하고, 에너지가 가져다주는 것을 그대로 받아들이는 것이 중요하다. 변화는 알아차리기 힘들 수도 있고, 한참 뒤에 일어나기도 한다. 때로는 눈부신 변화가 즉각적으로 일어날 수도 있다. 가장 좋은 것이 도래하기 전에 나에게 도움이 되지 않는 것들을 없애기 위해 먼지를 걷어내 줄 때도 있다. 모든 것이 크리스털 세션에서는 정상이다. 의도를 설정하고, 세션을 하고, 판단과 기대를 제거하고, 허용하라. 에너지는 항상 우리가 얻을 수 있는 가장 좋은 결과를 위해 최선을 다할 것이다.

의도 설정

에너지 힐링을 할 때마다 나는 자주 말한다. "의도가 모든 것이다." 마음은 현실의 강력한 운전자이다. 생각, 말, 행동은 우리가 발현할 수 있는 것에 영향을 미치며, 그것은 언제나 의도에서부터 시작된다.

의도 설정은 힐링 세션에서 강력한 국면을 담당한다. 특정한 문제에 크리스털을 사용한다는 것부터가 실제로는 무언가를 치유하고자 하는 말 없는 의도이다. 거기에 음성을 부여하면 의도는 더 강력해진다.

의도를 창조하는 일은 쉽다. 자신이 원하는 경험이나 상태가 무엇인지 정하고, 그것을 이미 성취한 것처럼 의도 진술을 만든다. 풍요의 예를 다시 들자면, "나는 풍요로워지기를 원한다" 하지 말고 "나는 풍요롭다" 확언한다. "나"와 바로 그다음에 오는 말의 조합은 의도의 강력한 표현이다. 따라서 "나는 풍요롭다"는 말은 단순히 바람이 아닌 경험과 상태를 창조한다. 의도를 소리 내어 말하거나 글로 적어서 표현한 다음에는 감사로 끝낸다.

크리스털 보관하기

앞서 말했듯이, 우리 집 곳곳에는 크리스털이 놓여 있다. 큰 것들 몇 개는 튼튼한 선반에 올려 잘 보이는 곳에 두었고, 더 작은 것 중에는 그릇에 담아 놓은 것들도 있다. 하지만 예민한 크리스털들은 세심하게 보관한다. 비즈 보관용같이 다중 구획 플라스틱 보관함은 작은 크리스털들을 보관하는 훌륭한 방법이다. 구획 없는 보관함에 크리스털을 함께 보관한다면 하나하나 작은 티슈나 헝겊에 싸서 습기를 방지하는 것이 좋다. 햇빛에 노출되면 색이 바래는 크리스털들은 빛이 없는 곳에 보관하는 것이 좋고, 만일 보이는 곳에 두었다면 햇빛이 드는 창에서 떨어뜨려야 한다. 이런 크리스털에는 아래와 같은 것들이 있다.

- 자수정
- 황수정
- 수정(모든 색)
- 아쿠아마린
- 플루라이트
- 사파이어
- 아벤츄린

크리스털 안전 수칙

일반적으로 크리스털 세션은 비교적 안전하다. 그러나 일부 크리스털은 알루미늄, 구리, 황, 불소, 스트론튬, 석면 같은 유해 물질을 함유하고 있어서 목욕물에 담그거나 보석수로 만들면 안 된다. 이런 크리스털을 만진 뒤에는 손을 씻는 것이 좋으며, 아래와 같은 것들이다.

※ 아쿠아마린(알루미늄 함유)
※ 블랙 투르말린(알루미늄 함유)
※ 셀레스타이트(스트론튬 함유)
※ 진사(수은 함유)
※ 다이옵타스(구리 함유)
※ 에메랄드(알루미늄 함유)
※ 플루라이트(불소 함유)
※ 가넷(알루미늄 함유)
※ 아이올라이트(알루미늄 함유)
※ 제이드(석면 함유 가능)
※ 캔서스 팝록(알루미늄 함유)
※ 래브라도라이트(알루미늄 함유)
※ 라피스 라줄리(황을 품은 황철광 함유)
※ 말라카이트(구리 함유)
※ 몰다바이트(알루미늄 함유)
※ 문스톤(알루미늄 함유)
※ 프레나이트(알루미늄 함유)
※ 루비(알루미늄 함유)
※ 사파이어(알루미늄 함유)
※ 소달라이트(알루미늄 함유)
※ 스피넬(알루미늄 함유)
※ 수기라이트(알루미늄 함유)
※ 설퍼(유독함)
※ 탄자나이트(알루미늄 함유)
※ 호안석-비연마(석면 함유)
※ 토파즈(알루미늄 함유)
※ 투르말린(알루미늄 함유)
※ 터키석(알루미늄 함유)
※ 지르콘(지르코늄 함유)

목록에 들어 있는 대부분의 크리스털은 이 책에 나온다. 책이나 위 목록에 나오지 않은 것들은 검색해 본 뒤에 보석수를 만들어 사용하고, 사용한 뒤에는 안전을 위해 손을 씻는 것이 좋다.

이 장에 실린 정보들은 여러분이 이미 가지고 있는 크리스털로 손쉽게 시작하는 방법을 알려주기 위한 것이었다. 다음 장에는 더 깊은 세션에 이용할 수 있는 심화 정보들을 담았다. 반드시 알아야 할 부분이 아니어도, 여러분의 도구함에 몇 가지를 추가해 줄 수는 있을 것이다.

4 장

크리스털의 힘
극대화하기

Maximizing the Power of Crystals

크리스털은 에너지 힐링의 한 형태이자 우리가 실제로 손에 쥐고 사용하는 구체적인 예이기 때문에, 많은 사람이 크리스털로 시작해서 다른 치유 양식들로 나아간다. 나 역시 크리스털이 에너지 힐링 여정의 시작이었다.

에너지 치유자로서 나는 크리스털 외에도 차크라 세션, 색상과 소리 시술, 명상과 만트라 등을 포함한 여러 가지 방식을 사용한다. 누구나 어떤 것이든 원하는 대로 시도할 수 있다. 내가 제시하는 아래의 정보들은 여러분의 삶에 더 많은 실행 도구를 제공하기 위함이지만, 어느 것이 자신과 공명하는지를 결정하는 것은 자신의 몫이다.

크리스털에 관한 이 책의 정보가 여러분의 관심이나 흥미를 끈다면, 에너지 힐링에 대한 이해와 실행을 심화하는 방법은 많다. 한 가지 크리스털만 사용해도 강력하지만, 다른 크리스털이나 에너지 힐링 양식과 결합해서 사용하면 우리 삶에 훨씬 더 깊은 에너지 변화를 불러올 것이다.

크리스털 그리드

목적의식을 가지고 크리스털에 의도와 신성기하학을 결합하면 에너지는 훨씬 더 강력해지고 집중도도 높아진다. 이 일을 가능하게 하는 것이 크리스털 그리드이다. 크리스털 그리드는 특정한 목적에 초점을 맞춘 강력한 에너지를 만들어내기 위해 여러 크리스털을 배치하는 것이다.

그리드는 단순할 수도 있고 극도로 복잡할 수도 있다. 그리드는 침대 밑이나 책상 위와 같이 효과를 얻을 수 있는 곳 어디에나 만들면 된다. 기본적인 그리드 형태를 몇 가지 알아보고, 쉽게 만들 수 있는 그리드 두 가지를 살펴보자.

그리드 형태

그리드는 어떤 모양으로든 만들 수 있지만, 힘을 증강시키기 위해서는 기본적인 신성기하학 형태를 사용하는 것이 좋다.

※ 나선은 의식으로 이어지는 통로를 상징한다.

※ 원은 일체성과 단일함의 상징이다.

※ 쌍등원(그림 참조)은 창조를 상징한다.

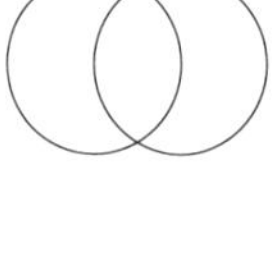

※ 사각은 땅 원소를 상징한다.

※ 삼각은 몸·마음·정신의 연결을 상징한다.

그리드 배치

그리드 배치는 아래의 요소들을 사용한다.

※ 중심석은 그리드의 중앙에 온다. 이것은 성취하고자 하는 기본 에너지가 된다.

※ 주변석은 중심의 에너지를 증폭하여 바깥쪽으로 발산하도록 한다.

※ 외곽석(필수는 아니다)은 기본 에너지를 향한 의도의 원천이 될 수도 있고, 에너지를 그리드 내부에 보존하는 경계석이 될 수도 있다.

그리드 1 : 용서

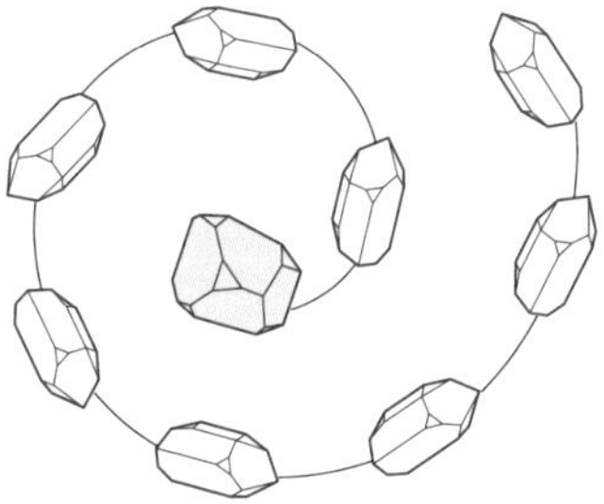

형태 나선

중심석 셀레나이트(형태 무관)

경계석(증폭) 백수정 포인트

그리드 2 : 창의성

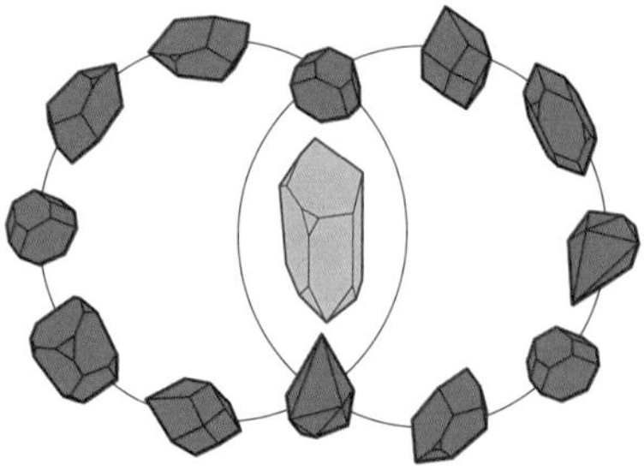

형태 쌍등원

중심석(중앙) 황수정(형태 무관)

경계석 자수정(형태 무관)

차크라와 컬러

차크라는 우리의 물질적 표현인 육체를 비물질적인 것과 이어주는 에너지 센터이다. 달리 말하면, 차크라는 몸을 마음과 정신의 에너지와 이어준다. 척추를 따라 일곱 개 주요 차크라가 흐른다. 각 차크라는 다양한 에너지에 조응하는 고유한 색을 발산한다. 차크라의 불균형은 몸과 마음, 정서, 정신적 문제와 조응한다. 크리스털을 이용해 에너지의 균형을 맞추기 위해서는 유사한 컬러를 지닌 크리스털을 그와 조응하는 차크라에 놓으면 된다.

✳ **뿌리***Root*

척추의 맨 아래쪽으로 첫째 또는 뿌리 차크라는 붉은색으로 진동한다. 가족과 민족(공동체) 정체성의 중심으로 안전 및 보호 문제와 연관되어 있고, 다리와 발의 문제와도 연관이 있다.

✳ 천골 *Sacral*

배꼽 아래에 위치한 둘째 차크라는 오렌지색으로 진동한다. 풍요, 개인적 힘, 창의성의 근원이다. 소화기, 허리, 배, 성 기관과 연관된다.

✳ 태양신경총 *Solar plexus*

명치 부근에 있는 셋째 차크라는 노란색으로 진동한다. 자존감과 경계에 관계한다. 신체 문제는 위쪽 허리, 췌장, 비뇨기계와 연관된 경우가 많다.

✳ 가슴 *Heart*

가슴 중앙의 넷째 차크라는 녹색으로 진동한다. 자비심, 친절함, 무조건적 사랑, 용서와 연관된다. 신체 문제에는 늑골, 폐, 심장이 포함될 수 있다.

✳ 목 *Throat*

'아담의 사과(목의 중심 부분, 후두의 두 개의 연골 중 상단 연골)' 위쪽에 있는 다섯째 차크라는 파란색으로 진동한다. 진실을 표현하고 개인 의지를 신의 안내에 순종케 하는 문제와 연관된다. 신체 문제에는 갑상샘, 목, 입이 포함된다.

✳ 제3의 눈 *Third Eye*

이마 한가운데 위치한 여섯째 차크라는 남색으로 진동하며 직관력과 지성에 연관된다. 신체 문제에는 눈, 귀, 머리, 뇌가 포함된다.

✳ **크라운** *CROWN*

머리 꼭대기에 위치한 일곱째 차크라는 흰색으로 진동하며 상위 자아와 신성에 연관된다. 전신 문제와 근골격계 문제는 이 크라운 차크라와 관련이 있다.

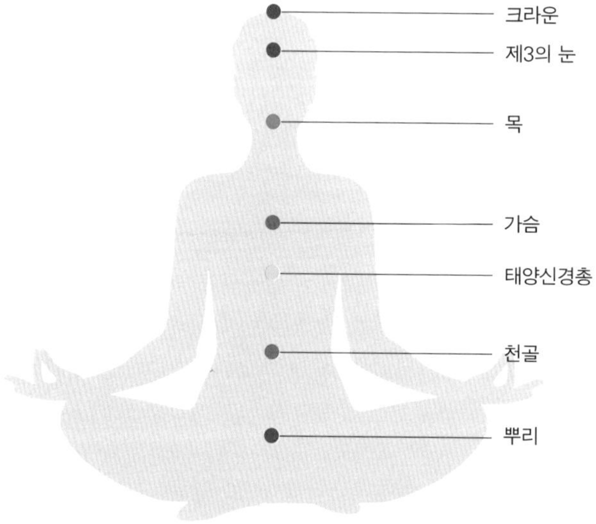

색 조응

앞서 언급한 것처럼, 각 차크라는 다른 색을 지니고 있으며 차크라마다 조응하는 문제들도 다르다. 색에는 다른 에너지들도 연관되어 있어, 해당 색상을 지닌 크리스털을 선택하면 특정한 문제를 풀어나가는 데 도움이 된다. 몸과 마음, 정서, 정신적 문제들과 색 사이의 기본적인 조응 관계는 다음 쪽에 정리했다.

●	**블랙/그레이**	보호 · 그라운딩 · 안전 · 안심 · 공동체 내 문제 (민족 정체성 관련) · 무의식 · 미지 · 그림자 자아
●	**블루**	진실 · 지혜 · 충정 · 경청 · 목 · 갑상샘 · 치아 · 자기표현 신의 뜻에 대한 순종
●	**브라운**	세속성 · 땅 · 자연 · 그라운딩
●	**그린**	사랑 · 심장 · 재정 · 부 · 용서 · 자비심 · 친절 · 폐 문제 육체 건강 · 변화 · 성장
●	**오렌지/피치**	가족 · 개인적 진실성 · 사회적 적응 · 사회적 불안 · 성 자기정체성 · 자아 · 허리 문제 · 성기 문제
●	**핑크**	자비심 · 친절 · 용서 · 무조건적 사랑 · 로맨틱한 사랑
●	**레드**	열정 · 그라운딩 · 신체적 활력과 에너지 · 정력 · 부동성
●	**퍼플**	영성 · 신성 · 직관 · 상위 자아와의 연결 · 지성 · 이성 치유 · 충정 · 헌신 · 두통 및 편두통 · 눈 문제
○	**화이트/투명**	새로운 시작 · 신성 · 순수 · 평화 · 더 높은 차원과의 연결
●	**옐로/골드**	자부심 · 자존감 · 자기애 · 자기동일성 · 영적 부유함 쓸개 · 비장

명상과 만트라

아무 생각도 하지 않고 조용히 앉아 있는 일이 너무 어렵다는 생각에 명상이라는 개념을 부담스러워하는 독자들이 있을지도 모르겠다. 예전에 나는 바닥에 가부좌를 틀고 앉아서 "옴" 하고 읊조리는 것만이 명상이라 여겼다. 틀린 말은 아니지만, 결코 유일한 것도 아니다. 어떤 식으로든 마음을 현재 순간에 집중한다면 그것이 명상이고, 어떤 말이나 문구든 한 가지 의도나 확언에 집중할 수 있다면 그것이 만트라(마음을 집중하기 위해 명상 중에 외는 모든 것)이다.

나는 확언 명상을 좋아한다. 편안하게 앉아서 한 가지 대상에 집중한 채 확언을 만트라처럼 반복하는 것이다. 소리 내어 말하면 마음이 집중된다. 어떤 것이든 자신에게 의미가 있는 만트라를 선택하면 된다. '평화', '기쁨', '치유', '사랑' 등, 집중하고 싶은 무엇이든 좋다. 크리스털을 손에 쥐거나 응시하면서 만트라를 하면 집중이 훨씬 잘 되고 에너지와 의도가 더 강력해진다. 또한 크리스털과 함께 만트라나 확언을 사용하면 명상이 더 기분 좋고 쉬워질 수 있다. 명상은 매일 할 것을 권한다. 5분 정도로 시작해서 20분이나 그 이상, 적당하다고 생각되는 시간 동안 진행하면 된다.

이 장에서는 크리스털 세션을 심화하는 몇 가지 실천 방법을 살펴보았다. 각 주제만으로도 책 한 권(혹은 적어도 한 장)이 될 만한 내용이고 마음먹기에 따라 얼마든지 더 파고들 수도 있지만, 세션에 꼭 필요한 것은 아니다. 이것들은 보조적인 활동이기 때문에, 어떤 정보든 원하는 대로 자유롭게 취하거나 버리면 된다. 크리스털을 이용하는 것만으로도 삶에 긍정적인 변화를 가져오기에 충분히 강력하다.

소리 진동

크리스털을 이용한 에너지 힐링의 형식 중에서도 소리 치유를 좋아한다. 소리는 색이나 크리스털과 마찬가지로 다양한 주파주로 진동하는데, 이런 주파수들은 각기 다른 치유 에너지와 차크라에 조응한다. 싱잉 볼(크리스털이나 금속으로 만든 그릇으로, 두드리거나 막대를 가장자리에 대고 돌리면 소리가 난다) 울리기, 온라인이나 스마트폰으로 솔페즈Solfeggio 진동수(신성한 음조) 듣기, 어떤 장르든 음악 듣기 또는 음성으로 음표와 소리를 토닝(음성화) 하기 등은 모두 의도의 힘을 향상하고 크리스털 에너지를 증폭한다. 53쪽에서 언급했던 것처럼 소리를 이용해 크리스털을 정화할 수도 있다.

소리 세션을 하겠다고 싱잉 볼을 사러 나갈 필요는 없다. 온라인을 잠깐만 검색해도 싱잉 볼을 울려서 각 차크라에 조응시키는 사람들의 체험기가 넘쳐난다. 이 주제를 더 깊이 파고들고자 하는 이들을 위해 215쪽의 '추가 정보'에 몇 가지 소리 자원을 담았다.

또한 명상할 때 아래의 모음을 1분에서 2분 정도 소리 내어 발음해서 각 차크라의 진동에 영향을 줄 수도 있다.

뿌리 Uhhhhhhh(어~)

천골 Oooooo(우~)

태양신경총 Ohhhh(오~)

가슴 Ahh(아~)

목 Eye(아이)

제3의 눈 Ay(에이)

크라운 Eeeeee(이~)

Deepen Your Knowledge of Crystals

2부

크리스털 깊이 알기

5 장

모두를 위한
크리스털 10종

10 Crystals for Everyone

삶의 문제와 필요로 하는 에너지가 변하면서 좋아하는 크리스털들의 목록이 달라지기는 하지만, 특히 막 시작하려는 사람들에게 항상 추천하는 크리스털이 몇 가지 있다. 나는 이 목록들을 모두 갖고 있고, 때로는 다량으로 구입해두었다가 필요한 사람들에게 판매하기도 한다. 지갑이 조금 더 두꺼워지는 일이기도 하지만, 나는 다른 사람들의 유익을 위해 기본적인 크리스털의 힘을 공유하는 일이 즐겁다.

이것들은 다양한 문제에 사용할 수 있는 실용적인 크리스털이다. 구하기도 비교적 쉽다. 크리스털 상점 대부분이 이 모든 크리스털을 다량으로 보유하고 있다. 내구성도 좋고 비싸지도 않다. 어떤 크리스털이든 마음에 드는 크기와 모양에 따라 고르면 된다. 진정으로 중요한 것은, 크리스털의 크기나 모양이나 상태가 아니라 그 기본적인 속성이 무엇인가이다.

자수정

AMETHYST

자수정은 수정의 한 종류이다. 퍼플이 가장 일반적인 색이지만 열처리를 한 그린 버전과 옐로 버전(황수정, 82쪽 참조)도 있다. 자수정을 의미하는 'amethyst'는 '술에 취하지 않은'이라는 뜻을 가진 그리스어 'amethystos'에서 온 말로 자수정이 전통적으로 대취大醉를 막는 데 쓰였음을 알 수 있다. 또한 여행자들에게 안전을 가져다주며, 직관력의 센터인 제3의 눈과 관련되어 있다. 이 밖에도 많은 사람이 부정적 에너지를 변환하거나 불면증과 꿈에 도움을 얻는 등 가치 있는 다목적 크리스털로 활용한다.

✳ **산지** 브라질, 독일, 스리랑카, 우루과이

✳ **격자** 육방정계

✳ **형태** 자연형태, 포인트, 클러스터, 지오드, 연마, 컷

✳ **에너지** 증폭

✳ **색상** 바이올렛부터 짙은 퍼플까지, 그린(열처리, 프라시올라이트), 옐로(열처리, 황수정)

✳ **차크라** 제3의 눈, 크라운

✳ **사용법** 제3의 눈 차크라에, 정수리에, 침대맡에, 베개 밑에

✳ **효능 영역** 직관과 통찰, 불면증, 안전한 여행, 상위 자아 또는 신성과의 연결, 창의성, 발현, 스트레스와 불안, 악몽, 중독

✳ **병용 크리스털** 황수정, 백수정

✳ **활용 팁** 침대 머리맡의 아래쪽에 붙여 놓거나 침대 옆 테이블에 올려놓아 불면증을 완화하고 악몽을 물리치며 꿈을 기억하는 데 도움을 얻는다.

블랙 투르말린

BLACK TOURMALINE

나는 흑전기석으로 알려진 블랙 투르말린을 항상 지니고 다닌다. 다른 사람들에게 주기 위해, 그리고 주변에서 오는 모든 부정적 에너지를 흡수하기 위해서이다. 고대에 마법사들은 블랙 투르말린을 이용해 '악마'를 물리쳤다. 블랙 투르말린은 부정성을 흡수하고 보호를 제공하는 것과 더불어 안정감을 가져다주고 자신감을 끌어올리며 정서적 부정성을 일으키는 환경을 정화하는 데 도움을 준다. 만약 블랙 투르말린 조각이 깨진다면, 부정적 에너지로 포화된 상태를 뜻하므로 이를 버리고 (단순히 땅으로 보내면 된다) 새것을 구입하라.

✳ **산지** 오스트레일리아, 브라질, 스리랑카, 미국

✳ **격자** 육방정계

✳ **형태** 자연형태, 수정 내부에, 연마, 컷

✳ **에너지** 흡수

✳ **색상** 블랙

✳ **차크라** 뿌리

✳ **사용법** 바지 주머니에, 뿌리 차크라 근처에, 침대맡에, 부정성의 근원과 나 사이에

✳ **효능 영역** 정신적 보호, 부정성 방호, 그라운딩, 스트레스 완화, 부정적 감정 정화

✳ **병용 크리스털** 백수정

✳ **활용 팁** 과도하게 부정적인 동료가 있다면 그 사람과 나 사이에 블랙 투르말린을 놓아둔다.

카넬리언

CARNELIAN

카넬리언은 석영에 속한 칼세도니*chalcedony*의 한 종류이다. 대담함과 용기에 연관되며, 육체적·정서적 유약함을 극복하고 운을 개선하며 풍요를 끌어오는 효과가 있다. 천골 차크라의 돌로 자아를 강화할 뿐 아니라 과도한 에고는 억제한다. 전통적으로 목소리에 힘과 강력함을 주어 가수와 연설가들에게 도움이 되었다.

* **산지** 브라질, 아이슬란드, 인도, 페루
* **격자** 육방정계
* **형태** 자연형태, 연마, 컷
* **에너지** 흡수
* **색상** 브라운 오렌지에서 레드 오렌지까지
* **차크라** 레드 오렌지—뿌리, 오렌지/브라운 오렌지—천골
* **사용법** 배꼽 위나 근처에, 팔찌로 착용, 뿌리 차크라 근처에
* **효능 영역** 용기, 보호와 안전, 의지력, 단호함, 관계에 대한 열정 회복, 건강한 자아감 개발, 현재 순간에 집중, 학대 극복, 질투에 대한 방호, 에너지 고양
* **병용 크리스털** 백수정, 말라카이트, 사도닉스(붉은 띠가 있는 아게이트)
* **활용 팁** 운동할 때 몸에 착용하여 에너지를 끌어올리거나, 사무실 책상에 올려놓아 온종일 에너지를 유지하는 데 도움을 받는다. 에너지를 끌어올리는 크리스털이니 침대 가까이에는 두지 않는 것이 좋다.

황수정

CITRINE

나는 전략적으로 집 안 곳곳에 황수정을 배치해 놓았다. 매우 아름답고, 강력한 크리스털이기 때문이다. 황수정은 자연적으로 산출되는 것과 열처리로 만든 것이 있다. 일반적으로, 황금빛이 극도로 맑고 고르게 퍼져 있다면 열처리를 거친 것이다. 어느 쪽인지 확실치 않다면 구입 전에 물어보는 것이 좋다. 열처리한 것도 자연 산출 황수정과 유사한 속성을 가졌지만, 자연산이 더 강한 에너지를 지닌다.

✳ **산지** 브라질, 페루, 러시아, 미국

✳ **격자** 육방정계

✳ **형태** 자연형태, 클러스터, 수정 내부에, 연마, 컷

✳ **에너지** 증폭

✳ **색상** 옐로

✳ **차크라** 태양신경총

✳ **사용법** 태양신경총 위나 근처에, 팔찌·반지·목걸이로, 금고 또는 지갑 안에, 집 안의 후방 왼쪽 구석(풍요 코너)에

✳ **효능 영역** 풍요, 자존감과 자아상, 창의성, 관용, 사고의 명징함 촉진, 발현, 개인 의지 피력, 새로운 시작 원조

✳ **병용 크리스털** 백수정, 자수정, 아메트린(자수정과 황수정의 혼합), 연수정

✳ **활용 팁** 황수정을 집 안의 후방 왼쪽 구석(풍요 코너)에 놓아 풍요 에너지를 끌어올린다. 현관문에서 실내를 바라보고 섰을 때 왼쪽 뒤 구석이 풍요 코너이다. 어느 방이든 후방 왼쪽 구석에 놓아도 된다. 사업을 하고 있다면 번창을 위해 금전등록기나 현금통 안에 넣어둔다.

백수정

CLEAR QUARTZ

단언컨대 백수정은 어떤 컬렉션에서든 가장 다재다능한 크리스털이다. 내가 사람들에게 가장 먼저 권하는 크리스털이면서, 사람들에게 나눠주기 위해 항상 여러 개를 가지고 다니는 크리스털이기도 하다. 백수정은 자가정화 크리스털이기 때문에, 만일 큰 클러스터를 갖고 있다면 다른 크리스털들을 정화하는 데 쓸 수 있다. 백수정은 세션에 함께 사용되는 모든 크리스털의 에너지를 증폭시킨다. 백수정 포인트가 있다면, 평평한 쪽을 다른 크리스털에 대고 포인트가 밖으로 향하도록 하면 에너지를 그 방향으로 증폭할 수 있다.

✳ **산지** 세계 각지

✳ **격자** 육방정계

✳ **형태** 자연형태, 포인트, 이중 종단 포인트(하키마 다이아몬드), 클러스터, 지오드, 연마, 컷

✳ **에너지** 증폭

✳ **색상** 유백색에서 투명한 것까지

✳ **차크라** 크라운, 다른 모든 차크라

✳ **사용법** 어디에나, 명상할 때는 크라운 차크라 위나 근처에, 다른 크리스털의 에너지를 증폭할 때는 그리드 내에

✳ **효능 영역** 다른 모든 크리스털의 속성 증폭, 신성과 상위 의식에 연결, 모든 상황 개선(마스터 치유자), 보호, 정화, 에너지와 생각 증폭, 명징한 생각과 신념, 몸—마음—정신 균형, 집중력 향상

✳ **병용 크리스털** 다른 모든 크리스털

✳ **활용 팁** 백수정 포인트의 클러스터로 다른 크리스털을 안전하고 효과적으로 정화한다. 클러스터 안에 작은 크리스털을 12시간에서 24시간 동안 넣어둔다.

플루라이트

FLUORITE

연한 그린에서 짙은 퍼플에 이르는 플루라이트의 색상 변이 영역은 이 크리스털이 지닌 다재다능함의 일부를 이룬다. 재능이 가장 많은 것은 레인보우 플루라이트로, 그린, 퍼플, 핑크, 아쿠아, 블루 띠가 있어서 여러 차크라에 작용하면서 다양한 색이 지닌 치유력을 발휘한다. 레인보우 플루라이트는 차크라들 사이의 에너지 흐름을 원활하게 하고 명징함과 또렷한 사고를 촉진한다. 비교적 무른 광물이어서 쉽게 스크래치 날 수 있으니 보관 방식에 주의를 기울여야 한다.

* **산지** 오스트레일리아, 브라질, 중국, 미국
* **격자** 등축정계
* **형태** 자연형태, 클러스터, 지오드, 연마, 컷
* **에너지** 흡수
* **색상** 아쿠아, 블루, 투명, 그린, 핑크, 퍼플, 레인보우, 옐로
* **차크라** 가슴, 목, 제3의 눈, 크라운
* **사용법** 위의 네 개 차크라 어디에든, 목걸이로
* **효능 영역** 에너지 균형과 그라운딩, 몸—마음—정신 연결, 직관 및 상위 차원에 연결 조장, 진정, 창의성 고양, 조화, 신성에 연결
* **병용 크리스털** 백수정, 자수정, 소달라이트
* **활용 팁** 흠집 나기 쉬우니 다른 크리스털과 따로 보관한다. 손에 쥐고 명상하면서 에너지 균형에 집중한다.

헤마타이트

HEMATITE

헤마타이트는 정말 예쁜 돌이다. 반들거리는 이 검은 돌은 햇빛을 받으면 마치 수면에 뜬 기름처럼 표면이 무지개 색깔로 빛난다. 에너지를 흡수하는 돌이어서, 주변에 부정적인 에너지가 많을 때 적합하다. 또한 그라운딩 하고 진정시키기 때문에 스트레스받았을 때 아주 좋은 돌이다. 무의식중에 스스로 만들어놓았던 한계를 해체하는 데에도 도움이 된다.

* **산지** 브라질, 스위스, 영국
* **격자** 육방정계
* **형태** 자연형태, 연마, 컷, 고리
* **에너지** 흡수
* **색상** 진한 그레이, 블랙
* **차크라** 뿌리
* **사용법** 뿌리 차크라 근처에, 반지나 팔찌로, 주머니 안에, 스트레스받는 일을 하는 책상 위에
* **효능 영역** 부정성 흡수, 에너지 균형, 스트레스와 불안 해소, 그라운딩, 해독
* **병용 크리스털** 라피스 라줄리, 말라카이트
* **활용 팁** 헤마타이트는 다량의 부정적인 에너지를 지속해서 흡수하기 때문에 종종 파손될 수 있다. 이럴 때는 땅으로 돌려보내고 새것을 구입한다.

장미 수정

ROSE QUARTZ

장미 수정은 무조건적 사랑, 친절, 자비심의 돌이다. 용서에도 도움을 준다. 가슴 차크라의 색이 그린이기는 하지만, 장미 수정 같은 붉은색 수정들도 이 차크라와 깊이 연관되어 있다. 자기치유의 크리스털이기 때문에 관계 파탄이나 배신, 연인의 죽음과 같이 사랑이 유발한 감정적 동요를 치유하고자 할 때 특히 큰 힘을 발휘한다. 고요하고 평화로운 크리스털로, 타인과 유대감을 느끼거나 행복감을 강화한다.

✳ **산지** 브라질, 인도, 일본, 미국

✳ **격자** 육방정계

✳ **형태** 자연형태, 포인트, 클러스터, 연마, 컷

✳ **에너지** 증폭

✳ **색상** 핑크

✳ **차크라** 가슴

✳ **사용법** 목걸이·팔찌·반지로(특히 약지에), 가슴 차크라 위나 근처에

✳ **효능 영역** 자비심, 친절, 무조건적 사랑, 자기애, 정서적 치유, 기쁨, 평화, 쾌활함

✳ **병용 크리스털** 백수정, 자수정, 프라시올라이트, 페리도트

✳ **활용 팁** 연인과 갈등을 겪은 뒤에 장미 수정을 착용하면 치유에 도움이 된다.

연수정

SMOKY QUARTZ

연수정은 부정적 에너지를 긍정적 에너지로 변환해 주기 때문에 애용하는 크리스털이다. 주로 사람들이 집 안의 에너지 균형을 맞춰달라고 부탁할 때 연수정을 사용하고, 에너지에 미치는 영향이 매우 강력해 늘 가지고 다니기도 한다. 최근에 지인의 사업장이 홍수 피해를 당했을 때, 그 일과 연관된 여러 가지 부정적 에너지가 있었다. 그래서 정리가 끝나자마자 연관된 부정 에너지들을 정화하기 위해 사업장 구석구석에 연수정 조각을 뿌려두기도 했다.

✳ **산지** 세계 각지

✳ **격자** 육방정계

✳ **형태** 자연형태, 포인트, 클러스터, 연마, 컷

✳ **에너지** 증폭

✳ **색상** 연한 그레이부터 브라운까지

✳ **차크라** 뿌리, 크라운

✳ **사용법** 주머니 안에, 뿌리 차크라 근처와 크라운 차크라에 동시 사용, 부정적 에너지가 문제라고 느껴지는 모든 곳에

✳ **효능 영역** 부정적 에너지를 긍정적 에너지로 변환, 긍정적 에너지 증폭, 그라운딩, 해독, 모든 차크라를 연결해 에너지 균형 맞추기, 더 높은 안내와 신성에 연결

✳ **병용 크리스털** 백수정, 황수정, 자수정

✳ **활용 팁** 집 건물 주변 곳곳에(양이 충분하다면 소유지 전체에) 연수정 조각을 뿌려서, 생활공간을 둘러싸고 있는 에너지를 긍정적인 것으로 바꾼다. 나는 이 방법을 우리 집에도 썼고, 새집으로 이사한 친구들에게 좋은 에너지를 끌어다 줄 때도 사용한다.

터키석

TURQUOISE

터키석은 여러 민족과 원주민 부족들 사이에서 깊은 상징성을 지닌 돌이다. 역사적으로 터키석은 샤먼과 전사들의 돌이었다. 터키석을 성스러운 돌로 사용하는 전통은 전 세계적으로 매우 오래된 현상이다. 터키석에 대한 전통적인 믿음의 한 가지는 사람을 말에서 떨어지지 않게 해준다는 것이다. 명확한 비전과 영성을 고양하고 개인적·정신적 힘을 강화해 준다고 믿는 사람들도 있다. 한 가지 주의 사항이 있다. 무늬가 비슷해서 쉽게 혼동되는 하울라이트에 염색을 해서 파는 곳이 많아 반드시 진짜 터키석인지 확인해야 한다.

✳ **산지** 세계 각지

✳ **격자** 삼사정계

✳ **형태** 자연형태, 포인트, 연마, 컷

✳ **에너지** 흡수

✳ **색상** 연한 블루부터 짙은 청록까지

✳ **차크라** 목

✳ **사용법** 장신구, 특히 목걸이로, 명상할 때 목 차크라에, 주머니(특히 가슴 주머니) 안에

✳ **효능 영역** 개인적 힘, 행운과 풍요, 안전한 여행, 개인적 진실 말하기, 창의적 아이디어 음성화, 도난 방지, 야망과 능력 고양, 진정, 과도한 에너지 흡수, 조화

✳ **병용 크리스털** 백수정, 오닉스

✳ **활용 팁** 대인관계에서 갈등을 겪고 있을 때 침실 안에 두고 조화를 촉진한다.

6 장

알아야 할
크리스털 40종

40 Crystals to Know

크리스털 상점에 들어서면 압도당할 만큼 수많은 종류의 크리스털을 보게 된다. 평소 마음이 끌리는 크리스털을 구입할 것을 권하지만, 약간의 사전지식이 있다면 크리스털 상점이라는 바다를 더 쉽게 항해할 수 있다. 이 장에서는 일반적으로 사용할 수 있는 크리스털 40종을 소개한다. 모두 가격이 적당하고 다재다능하며 어디에서든 쉽게 구할 수 있는 것들이어서 현재의 목적과 미래에 걸맞은 훌륭한 초기 컬렉션이 될 것이다.

우리에게 필요한 크리스털은 시간이 지나면서 변할 수 있다. 이 장에 몇 가지 제안이 있기는 하지만, 필요가 변하면서 다른 크리스털에 끌릴 수도 있다. 여기에 당신을 끌어당기는 크리스털이 없다면, 내 추천과는 상관없이 당신이 원하는 것들을 과감하게 선택하면 된다. 열린 마음으로 내면의 안내에 따라 자신에게 맞는 크리스털을 찾아내는 경험을 하라.

아게이트

AGATE

아게이트는 무지개의 모든 빛깔을 포괄할 정도로 색이 다양하다. 따라서 색상마다 조금씩 다른 속성을 지니게 된다. 그러나 아게이트는 수정 결정(대개는 칼세도니)의 혼합이기 때문에 육방정계 구조를 지니고, 일반적으로는 욕망을 성취하는 데 도움을 준다.

✳ **산지** 세계 각지

✳ **격자** 육방정계

✳ **형태** 자연형태, 연마, 조각

✳ **에너지** 증폭

✳ **색상** 블랙, 블루, 브라운, 그레이, 그린, 다중색, 오렌지, 퍼플, 레드, 화이트, 옐로

✳ **차크라** 컬러에 따라 모든 차크라

✳ **사용법** 모든 차크라에, 주머니 안에, 모든 종류의 장신구로

✳ **효능 영역** 감정 균형, 평온, 초점과 집중, 블루—소통과 정직, 이끼(줄무늬)—무조건적 사랑, 풍요로움, 오렌지 브라운—자기통제, 핑크—자비심, 그 밖의 색—동일한 색상의 차크라와 연관된 문제

✳ **병용 크리스털** 다른 아게이트, 백수정

✳ **활용 팁** 어릴 때 해변에서 많은 시간 아게이트를 찾곤 했다. 아게이트를 찾으려면 자갈 사이에서 고른 돌을 햇빛에 비추어 빛이 통과하는지 보면 된다. 빛이 통과하면 그 돌이 아게이트이다.

아마조나이트

AMAZONITE

장석의 일종인 아마조나이트는 '진실의 돌'이자 '용기의 돌'로 알려져 있다. 아마조나이트가 지닌 청록색은 가슴과 목 차크라에 조응한다. 바다를 연상케 하는 색조가 고요와 평화를 증진하며, 균형을 맞춰주는 돌이기도 하다.

✳ **산지** 오스트레일리아, 브라질, 캐나다, 미국

✳ **격자** 단사정계

✳ **형태** 자연형태, 연마

✳ **에너지** 흡수

✳ **색상** 아쿠아, 청록, 그린

✳ **차크라** 가슴, 목

✳ **사용법** 가슴 차크라나 목 차크라에 또는 두 차크라 사이에, 목걸이나 귀걸이로

✳ **효능 영역** 진실 말하기, 목 차크라와 가슴 차크라 사이의 균형, 무조건적 사랑, 평화와 이해, 진실성, 용서, 풍요, 부정적 감정에 대한 방호

✳ **병용 크리스털** 장미 수정

✳ **활용 팁** 스트레스 강도가 높은 날이 다가올 때 아마조나이트를 목걸이나 팔찌로 착용하면 마음을 가라앉히는 데 도움이 된다.

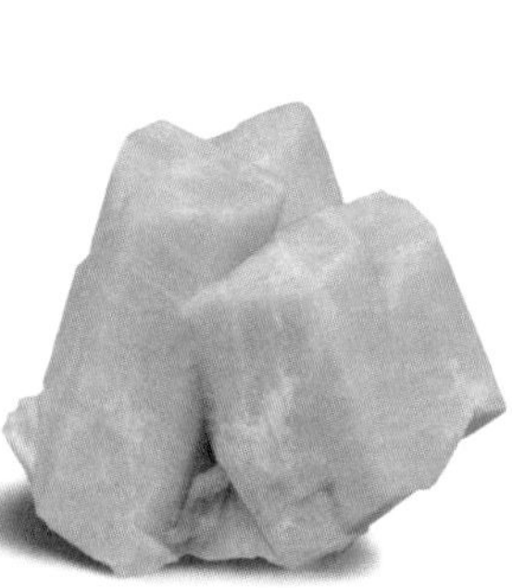

호박

AMBER

호박은 석화된 수지로, 정확히는 크리스털이 아니다. 그러나 치유 속성을 지니고 있어서 크리스털처럼 사용하는 사람들이 많다. 대체 치료에서 가장 잘 알려진 용도는, 젖니가 날 무렵의 아이에게 항염증제로서 목걸이로 걸어주는 것이다(아이가 입에 넣지 않도록 감독해야 한다).

✳ **산지** 발트해 지역, 독일, 루마니아, 러시아

✳ **격자** 비결정

✳ **형태** 자연형태, 컷

✳ **에너지** 흡수와 증폭

✳ **색상** 브라운, 골드, 골든브라운, 허니, 오렌지

✳ **차크라** 태양신경총

✳ **사용법** 태양신경총 차크라에, 통증이나 염증이 있는 부위에, 장신구로, 주머니 안에

✳ **효능 영역** 통증과 염증, 긍정적 에너지 생성, 자존감, 정화, 스트레스 해소, 활력 증강, 불안 해소, 타인의 에너지에 대한 방호(감정이입을 잘하는 사람에게 매우 좋음)

✳ **병용 크리스털** 자체만으로도 매우 강력하지만, 백수정과 조합하면 효과가 더 좋다.

✳ **활용 팁** 관절염으로 인한 손의 통증에 호박 팔찌를 착용한다.

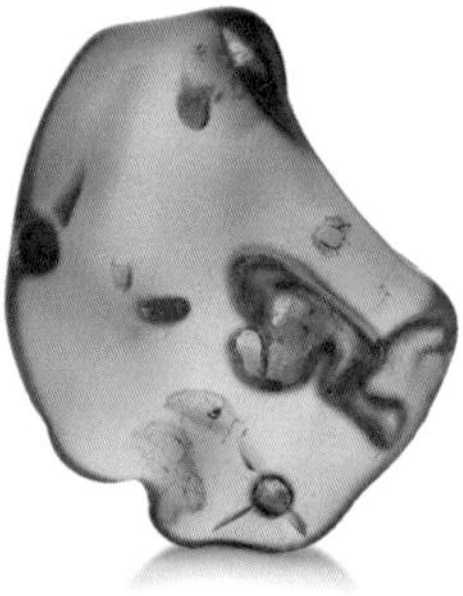

아메트린

AMETRINE

단일 결정 안에 황수정과 자수정이 자연적으로 형성되어 있는 것이 아메트린이다. 결정 안에 자주색과 노란색을 품고 있어서 더없이 아름다우며, 황수정과 자수정의 속성을 결합하고 증폭해서 완전체로 만든다. 순전히 아름다움의 측면에서 내가 좋아하는 크리스털이다.

✳ **산지** 캐나다, 멕시코, 스리랑카, 미국
✳ **격자** 육방정계
✳ **형태** 자연형태, 포인트, 클러스터, 연마, 컷
✳ **에너지** 증폭
✳ **색상** 옐로, 퍼플
✳ **차크라** 태양신경총, 제3의 눈, 크라운
✳ **사용법** 태양신경총이나 제3의 눈 차크라에, 정수리 근처에, 침대 머리맡 근처에
✳ **효능 영역** 황수정과 자수정의 속성 증폭, 번영과 풍요, 심령 소통, 오라 정화, 부정성 변환, 긍정적 에너지 흐름 촉진, 대립하는 에너지 사이의 균형, 신의 뜻과 개인 의지 사이의 균형, 자아에 기초한 생각을 더 높은 차원으로 고양, 영적 꿈꾸기 촉진
✳ **병용 크리스털** 황수정, 자수정, 백수정
✳ **활용 팁** 아메트린 목걸이는 태양신경총에서 크라운 차크라로 흐르는 에너지의 흐름을 촉진하고 균형을 맞춰준다.

아파치 티어

APACHE TEARS

아파치 티어는 원형 또는 타원형 모양을 한 흑요석이다. 정확히는 크리스털이 아니라 화산유리의 한 형태이다. 그러나 치유 속성을 지니고 있는데, 특히 슬픔을 치유해 준다.

- **산지** 세계 각지
- **격자** 비결정
- **형태** 자연형태—타원형 또는 원형
- **에너지** 흡수
- **색상** 진한 그레이 또는 블랙
- **차크라** 뿌리
- **사용법** 주머니 안에(부정적인 감정을 다스릴 때), 워리 스톤으로 이용할 때는 주는(주로 쓰는) 손에
- **효능 영역** 슬픔, 감정 치유, 어둡거나 슬픈 감정 회복
- **병용 크리스털** 장미 수정
- **활용 팁** 사랑하는 사람을 잃었다면, 슬픔이 압도해 올 때 아파치 티어를 지니고 다니면서 워리 스톤으로 사용한다.

아파타이트

APATITE

아름다운 청록색을 지니고 있지만 연약하고 부드러운 돌이다. 따라서 아파타이트는 다른 크리스털들과 함께 보관하면 안 된다. 잘 싸서 충격받지 않도록 해야 한다. 영적 지혜와 진리에 깊이 연관된다.

* **산지** 멕시코, 노르웨이, 러시아, 미국
* **격자** 육방정계
* **형태** 자연형태, 포인트, 연마, 컷
* **에너지** 증폭
* **색상** 아쿠아, 블루, 바이올렛, 옐로
* **차크라** 핑크—가슴 또는 뿌리, 옐로—태양신경총, 아쿠아—가슴, 블루와 아쿠아—목, 바이올렛—제3의 눈, 투명—크라운
* **사용법** 색상과 조응하는 차크라에, 사회 불안장애를 느낄 때 주머니 안에, 명상할 때는 받는 손(에너지를 받아들이는 손으로, 대개는 덜 쓰는 손)에
* **효능 영역** 목표에 집중하기, 신과 연결하기, 부정성 제거, 에너지 진동 촉진, 직관력 고양, 진실 조장, 동기부여, 사회 불안장애와 자아의식 완화
* **병용 크리스털** 자수정, 백수정, 장미 수정
* **활용 팁** 스크래치, 균열, 파손에 취약하니 세심하게 보관해야 한다.

아쿠아마린

AQUAMARINE

아쿠아마린은 발현 돌이다. 돌의 청록색은 가라앉히고 달래주는 효과가 있어 불안이나 두려움을 느끼는 사람들에게 특히 유용하다. 여행을 지켜주는 돌이기도 하다.

- **산지** 브라질, 멕시코, 러시아, 미국
- **격자** 육방정계
- **형태** 자연형태, 포인트, 연마, 컷
- **에너지** 증폭
- **색상** 블루, 청록
- **차크라** 가슴, 목, 제3의 눈
- **사용법** 목 차크라에(가슴 차크라에서 제3의 눈으로 흐르는 에너지의 균형을 맞출 때), 목걸이로, 불안과 두려움을 다스릴 때는 모든 형태의 장신구로(특히 귀걸이로), 명상할 때나 확언을 말할 때는 받는(덜 쓰는) 손에
- **효능 영역** 가라앉히기, 불안 달래기, 두려움 완화, 발현 돕기, 차크라들을 조율하고 균형 맞추기, 용기 고양, 보호, 자기표현, 영적 진리 발견
- **병용 크리스털** 자수정, 백수정, 터키석
- **활용 팁** 확언을 말할 때, 받는(덜 쓰는) 손에 쥐어서 발현을 돕는다.

아벤츄린

AVENTURINE

여타 광물질들(다양한 색의 원인이다)을 가진 석영으로 이루어진 아벤츄린의 색상은 블루, 그린, 레드, 오렌지, 화이트 등이 있는데, 그린이 가장 흔하다. 석영이 주요 성분이기 때문에, 에너지 증폭기로써 돌의 색상에 조응하는 차크라 에너지를 증폭해 준다.

✳ **산지** 브라질, 중국, 러시아, 티베트

✳ **격자** 육방정계

✳ **형태** 자연형태, 포인트, 연마, 컷

✳ **에너지** 증폭

✳ **색상** 블루, 청록, 그린(가장 흔함), 레드, 오렌지, 옐로, 화이트

✳ **차크라** 레드—뿌리, 오렌지—천골, 그린—가슴, 옐로—태양신경총, 블루—제3의 눈과 목, 화이트—크라운

✳ **사용법** 조응하는 차크라에, 장신구로, 주머니 안에

✳ **효능 영역** 블루—소통 고양, 발현 촉진, 자기규제 개선, 그린—리더십 능력 고양, 풍요 촉진, 무조건적 사랑 촉진, 불안 해소, 레드와 오렌지—안전감과 안심 촉진, 화이트—상위 자아와의 소통 고양, 차크라들의 균형, 옐로—자존감 고양

✳ **병용 크리스털** 투르말린, 터키석

✳ **활용 팁** 사업상 중요한 미팅을 앞두고 있을 때 주머니 안에 그린 아벤츄린을 지니면서 리더십을 북돋는다.

칼사이트

CALCITE

칼사이트는 다양한 무지개색을 보여주는데, 각 색상은 조응하는 차크라와 연관된 속성이 있다. 칼사이트의 육방정계 구조는 이 돌이 욕망을 실현하는 데 도움을 준다는 것으로 발현 세션에 사용하면 매우 좋다.

✳ **산지** 브라질, 아이슬란드, 러시아, 미국

✳ **격자** 육방정계

✳ **형태** 자연형태, 연마, 컷

✳ **에너지** 증폭

✳ **색상** 블랙, 블루, 그레이, 그린, 허니, 오렌지, 피치, 핑크, 레드, 바이올렛, 화이트

✳ **차크라** 레드 또는 블랙과 그레이—뿌리, 오렌지 또는 피치—천골, 허니 또는 옐로—태양신경총, 그린 또는 핑크—가슴, 블루—목, 바이올렛—제3의 눈, 화이트—크라운

✳ **사용법** 조응하는 차크라에, 주머니 안에, 명상할 때는 받는(덜 쓰는) 손에

✳ **효능 영역** 발현, 에너지 증폭, 정화, 그라운딩, 내면의 평화, 블루—나의 진실 알아채고 말하기, 진실성, 그린—풍요, 그린과 핑크—무조건적 사랑, 허니와 옐로—자존감, 퍼플—직관력, 오렌지—개인 의지, 화이트—더 높은 힘과의 소통, 영적 성장

✳ **병용 크리스털** 색이 다른 칼사이트

✳ **활용 팁** 침실이나 욕실 여기저기에 색이 다른 칼사이트들을 놓아두어 평화롭고 편안한 분위기를 만든다.

칼세도니

CHALCEDONY

칼세도니는 광물 폐색*mineral occlusion*으로 색을 얻는 석영의 일종이다. 카넬리언과 마찬가지로 아게이트도 칼세도니의 한 종류이다. 그러나 치유 크리스털을 이야기할 때 칼세도니는 대개 연청색 돌을 가리킨다. '말하는 자의 돌'로 알려진 이 크리스털은 자신의 진실을 요령 있게 말할 수 있도록 도와준다.

✳ **산지** 오스트리아, 브라질, 러시아, 미국

✳ **격자** 육방정계, 단사정계

✳ **형태** 자연형태, 지오드, 연마, 컷

✳ **에너지** 증폭

✳ **색상** 블루

✳ **차크라** 목

✳ **사용법** 목걸이와 귀걸이로(특히 효과가 있다), 목 차크라에 직접 접촉, 가슴 주머니에

✳ **효능 영역** 발현, 보호, 나의 진실 표현하기, 창의적인 아이디어 표현하기, 평화 촉진, 자기의심 완화, 감정 균형

✳ **병용 크리스털** 백수정, 소달라이트, 라피스 라줄리

✳ **활용 팁** 다수를 상대로 발언하기 전에 칼세도니를 혀끝이나 입술에 갖다 댄다.

댄버라이트

DANBURITE

댄버라이트는 다양한 색상으로 나타나며 각기 다른 차크라에 영향을 미친다. 그러나 어떤 색이든 모든 댄버라이트는 높은 진동을 지니고 있어서 영적 깨달음과 더 높은 힘과의 연결과 관련된다. 정화하고 맑게 하는 돌이기도 해서, 깊은 감정적 고통과 상처를 치유하는 데 도움을 준다.

✳ **산지** 일본, 멕시코, 러시아, 미국

✳ **격자** 사방정계

✳ **형태** 자연형태, 연마

✳ **에너지** 증폭

✳ **색상** 투명, 그레이, 그린

✳ **차크라** 그린—가슴, 투명과 그레이—크라운

✳ **사용법** 가슴 차크라나 크라운 차크라에, 스트레스 기간에는 주머니 안에, 힐링 에너지를 전반적으로 높일 때 집 안 곳곳에

✳ **효능 영역** 직관력, 깊은 감정 치유, 자비심과 무조건적 사랑, 위쪽 차크라와의 연결(가슴에서 크라운까지), 변환 용이화, 가라앉히기, 스트레스 제거, 오라 맑히기, 정화

✳ **병용 크리스털** 모든 크리스털, 특히 페너사이트, 텍타이트, 몰다바이트 등 고진동 시너지 돌들

✳ **활용 팁** 댄버라이트는 자신 안의 더 높은 힘과 연결되고자 할 때 훌륭한 명상 돌이 된다. 한 손에 쥐고 명상한다.

에메랄드

EMERALD

흔히 절단하고 연마해서 장신구로 만드는 에메랄드는 베릴*beryl*이라는 광물의 한 종류이다. 다른 베릴로는 아쿠아마린과 모가나이트가 있다. 특징적인 녹색을 지닌 에메랄드는 전통적인 가슴 차크라 돌로써 사랑과 자비심을 촉진한다.

✳ **산지** 오스트리아, 브라질, 탄자니아, 짐바브웨

✳ **격자** 육방정계

✳ **형태** 자연형태, 연마, 컷

✳ **에너지** 증폭

✳ **색상** 그린

✳ **차크라** 가슴

✳ **사용법** 가슴 차크라에, 장신구로, 약지에 끼는 반지로

✳ **효능 영역** 풍요, 무조건적 사랑, 자비심, 연애, 친절, 용서, 발현, 영적 자각 증대, 평온, 신의 사랑을 경험하기, 보호, 트라우마 치유

✳ **병용 크리스털** 다른 베릴(아쿠아마린, 모가나이트), 백수정, 다른 그린 또는 핑크 크리스털

✳ **활용 팁** 무조건적 사랑과 로맨틱한 사랑의 돌인 에메랄드는 약속이나 약혼의 표시로, 또는 결혼반지로 건네는 매우 상서로운 보석이다. 단단한 돌이지만 여러 가지 성분을 품고 있어서 깨지기 쉬우니 각별히 주의해서 다루어야 한다.

에피도트

EPIDOTE

단사정계 암석인 에피도트는 기본적으로 가슴 차크라와 사랑에 연관된 보호 돌이다. 대인관계를 개선하는 데 도움으로 주어 파트너 사이의 균형을 맞춰주고 사랑과 개인적 성장을 촉진한다. 다른 크리스털의 에너지를 증폭시키는 돌이기도 하다.

✳ **산지** 캐나다, 프랑스, 노르웨이, 러시아, 미국

✳ **격자** 단사정계

✳ **형태** 자연형태, 연마

✳ **에너지** 증폭

✳ **색상** 그린

✳ **차크라** 가슴

✳ **사용법** 가슴 차크라에, 그라운딩 하는 명상 후 손에, 에너지를 증폭하고자 하는 모든 돌 옆에

✳ **효능 영역** 풍요, 사랑, 자연과의 연결, 낙천성, 그라운딩, 에너지 장애 제거, 상습 일소, 강화, 치유 촉진

✳ **병용 크리스털** 증폭이 필요한 모든 돌

✳ **활용 팁** 도시에 살면서 교외로 나가본 적이 별로 없다면, 에피도트와 함께 명상하며 자연 세계와 연결되는 데 도움을 얻어보자.

푸크사이트

FUCHSITE

푸크사이트는 운모가 섞인 녹색 규산염 광물이다. 이 돌은 보호하는 속성이 있다. 루비가 섞인 푸크사이트도 가끔 볼 수 있는데, 루비 함유 여부와 상관없이 푸크사이트는 전통적인 '치유사의 돌'로써 신체·에너지·감정 치유에 도움을 준다.

✳ **산지** 브라질, 인도, 러시아

✳ **격자** 단사정계

✳ **형태** 자연형태, 연마

✳ **에너지** 흡수

✳ **색상** 그린

✳ **차크라** 가슴

✳ **사용법** 가슴 차크라에, 루비가 섞인 것은 뿌리 차크라와 가슴 차크라에, 목걸이나 팔찌로

✳ **효능 영역** 감정적·신체적·정신적 치유, 갱신, 회춘, 균형, 풍요, 사랑, 다른 크리스털의 에너지 강화

✳ **병용 크리스털** 루비

✳ **활용 팁** 무른 광물이라 내부 균열이 생기기 쉬우니 다른 크리스털과 떨어뜨려 보관하는 것이 좋다.

가넷

GARNET

가넷이라고 하면 흔히 레드 가넷, 즉 홍석류석을 떠올린다. 하지만 다른 색도 있다. 스페사틴*spessartine* 가넷의 색은 옐로에서 오렌지에 걸쳐 있고, 차보라이트*tsavorite* 가넷은 그린을 띤다.

* **산지** 세계 각지
* **격자** 등축정계
* **형태** 자연형태, 포인트, 클러스터, 연마, 컷
* **에너지** 증폭
* **색상** 브라운, 그린, 오렌지 레드, 레드, 옐로
* **차크라** 레드—뿌리, 오렌지 레드 또는 브라운—천골, 그린—가슴
* **사용법** 레드는 뿌리 차크라 근처에, 오렌지 레드나 브라운은 천골 차크라에, 그린은 가슴 차크라에, 장신구로(특히 반지나 팔찌로)
* **효능 영역** 에너지 증폭, 보호, 발현, 변환, 에너지 회복과 증강, 트라우마 극복, 제한하는 생각과 신념 제거, 그린(차보라이트)—풍요, 레드—그라운딩, 보호, 옐로와 오렌지(스페사틴)—경력상의 성공
* **병용 크리스털** 색이 다른 가넷, 연수정, 백수정
* **활용 팁** 변환을 겪고 있을 때 주머니에 지니거나 장신구로 착용해서 변환을 용이하게 만든다.

하울라이트

HOWLITE

하울라이트는 터키석과 유사한 맥을 지니고 있어서 푸른 물을 들여 터키석으로 파는 일이 많은 돌이다. 염색하지 않은 하울라이트는 연한 색을 지니고 있는데, 화이트, 그레이 또는 무색이어서 쉽게 염색이 된다. 인간과 신을 연결해 주는 돌로 알려져 있다.

✳ **산지** 미국

✳ **격자** 단사정계

✳ **형태** 자연형태, 연마, 조각, 컷

✳ **에너지** 흡수

✳ **색상** 화이트, 그레이, 무색

✳ **차크라** 크라운

✳ **사용법** 크라운 차크라 근처에, 귀걸이나 목걸이로

✳ **효능 영역** 신과 감응하기, 더 높은 진리에 연결하기, 불안 해소, 스트레스 완화, 분노와 같이 극도로 부정적인 감정 덜어내기

✳ **병용 크리스털** 터키석, 자수정, 소달라이트

✳ **활용 팁** 강한 스트레스나 긴장의 시기에 하울라이트 장신구를 착용해서 마음을 가라앉히는 데 도움을 얻는다.

제이드

JADE

제이드(비취, 옥)는 고대부터 주로 장신구나 공예품으로 쓰여왔다. 흔히 그린 제이드를 떠올리기 쉽지만, 화이트나 오렌지 색도 있다. 오랜 세월 인기를 얻으며 많은 문화권에서 가치를 인정받아 온 보석이기 때문에 수공예품이나 염색 제이드 제품이 헤아릴 수 없이 많다. 돋보기로 색의 불규칙성을 살피고 진짜인지 확인하는 것이 좋다. 색이 불규칙하다면 진짜 제이드일 확률이 높다.

✳ **산지** 중국, 중동, 러시아, 미국

✳ **격자** 단사정계

✳ **형태** 자연형태, 연마, 조각

✳ **에너지** 흡수

✳ **색상** 블랙, 블루, 그레이, 그린(가장 흔함), 오렌지, 퍼플, 레드, 화이트, 옐로

✳ **차크라** 레드나 블랙 또는 그레이―뿌리, 오렌지―천골, 옐로―태양신경총, 블루―목, 그린―가슴, 퍼플―제3의 눈, 화이트―크라운

✳ **사용법** 조응하는 차크라에, 장신구로, 주머니 안에

✳ **효능 영역** 보호, 안전한 여행, 죄책감 해소, 부정적 생각 패턴 제지, 과도한 권력욕 완화, 생명력 에너지 강화, 신뢰 향상, 모든 종류의 사랑 촉진

✳ **병용 크리스털** 모든 색의 제이드, 백수정, 말라카이트

✳ **활용 팁** 제이드는 석면을 함유하고 있을 수도 있으니 사용 후에 손을 씻는 것이 좋다.

재스퍼

JASPER

수정 또는 칼세도니와 여타 광물질들의 혼합체인 재스퍼(벽옥)는 다중 불투명색을 지니고 있다. 종류도 많고 저마다 속성도 다르다. 그러나 일반적으로 재스퍼는 발현 돌로써 과도한 에너지를 흡수하여 에너지 균형을 도와준다.

✳ **산지** 세계 각지

✳ **격자** 육방정계

✳ **형태** 자연형태, 연마, 조각, 컷

✳ **에너지** 흡수

✳ **색상** 블랙, 블루, 브라운, 그린, 오렌지, 레드, 옐로

✳ **차크라** 레드와 블랙—뿌리, 오렌지—천골, 옐로와 브라운—태양신경총, 그린—가슴, 블루—목 또는 제3의 눈

✳ **사용법** 조응하는 차크라에, 장신구로, 주머니 안에

✳ **효능 영역** 발현, 과도한 에너지(중독, 강박행동 등) 균형, 그라운딩, 부동성

✳ **병용 크리스털** 다른 모든 재스퍼, 블랙 투르말린

✳ **활용 팁** 명상 후에 재스퍼를 손에 쥐고 발에서부터 뿌리가 땅속으로 뻗어가는 모습을 상상하면 과도함을 가라앉히는 데 도움이 된다.

카이아나이트

KYANITE

카이아나이트는 블루가 가장 흔하지만, 옐로, 그린, 블랙, 오렌지 색도 있다. 깨지기 쉬운 암석이어서 블레이드 형태가 많은데, 이런 모양은 좋은 워리 스톤이 된다(엄지를 대고 문지른다). 카이아나이트는 정화가 필요 없다. 에너지를 붙잡아두지 않고 다만 움직임을 활성화하기 때문이다. 이와 관련해 흡수나 증폭이 언급되지 않는 이유이기도 하다.

✳ **산지** 브라질

✳ **격자** 삼사정계

✳ **형태** 자연형태, 블레이드, 연마, 조각, 컷

✳ **색상** 블랙, 블루(가장 흔함), 그레이, 그린, 오렌지, 옐로, 화이트

✳ **차크라** 블랙과 그레이—뿌리, 오렌지—천골, 옐로—태양신경총, 그린—가슴, 블루—목 또는 제3의 눈, 화이트—크라운

✳ **사용법** 조응하는 차크라에, 워리 스톤으로 손에

✳ **효능 영역** 한 곳에서 다른 곳으로 통로 열기, 장애 제거, 상습 일소, 소통 촉진(특히 블루), 충정과 공정함, 기억 회상, 그라운딩(블랙)

✳ **병용 크리스털** 모든 색의 카이아나이트, 두 크리스털 사이에 놓아 한쪽의 에너지가 다른 쪽으로 흐르도록 할 때

✳ **활용 팁** 그리드에서 카이아나이트를 두 크리스털 사이에 놓아서 둘 사이의 에너지 흐름을 촉진한다.

래브라도라이트

LABRADORITE

절삭하거나 연마하지 않은 래브라도라이트는 그저 오래된 암석처럼 보인다. 그러나 절삭과 연마를 거치고 나면 오팔이나 문스톤에서 볼 수 있는 것과 유사한 여러 빛깔의 유백색 광택인 래브라도레센스*labradorescence*라는 특성을 보이게 된다. 캐나다 원주민인 이누이트족 사람들은 래브라도라이트가 속계과 초월계를 연결해 준다고 믿는다.

⁕ **산지** 캐나다, 이탈리아, 스칸디나비아

⁕ **격자** 삼사정계

⁕ **형태** 자연형태, 연마, 조각, 컷

⁕ **에너지** 증폭

⁕ **색상** 여러 빛깔의 광택을 지닌 블루 또는 그레이

⁕ **차크라** 목, 제3의 눈

⁕ **사용법** 목 차크라에, 목걸이로, 명상하는 자리 가까이

⁕ **효능 영역** 마법적 속성 끌어내기, 부정성 완화, 인격의 부정적 측면 완화하기, 중독성 물질 해독, 충동성과 무모함 완화, 더 높은 차원에 이어주기, 직관 촉진, 망상 일소

⁕ **병용 크리스털** 백수정, 소달라이트, 자수정

⁕ **활용 팁** 명상이나 기도 중에 래브라도라이트를 손에 쥐거나 옆에 놓으면 더 높은 차원과 소통하는 데 도움이 된다.

라피스 라줄리

LAPIS LAZULI

라피스 라줄리는 변성암의 하나로, 결정 구조를 지니지 않기 때문에 정확히는 크리스털이 아니다. 그러나 오래전부터 마법적 힘을 지닌 준보석으로 여겨져 왔고, 투탕카멘의 석관을 비롯한 수많은 고대 유물을 장식하는 데에 쓰였다.

✳ **산지** 칠레, 이집트, 중동, 미국

✳ **격자** 없음

✳ **형태** 자연형태, 연마, 조각

✳ **에너지** 흡수

✳ **색상** 화이트나 골드 맥을 동반한 블루

✳ **차크라** 목

✳ **사용법** 목 차크라에, 목걸이나 귀걸이로

✳ **효능 영역** 모든 유형의 소통(특히 글), 학습, 정직 및 진실 말하기 독려, 조화 불러오기, 퍼포먼스 향상

✳ **병용 크리스털** 백수정

✳ **활용 팁** '퍼포머*performer*의 돌'로 알려진 라피스 라줄리는 오디션이나 대중연설 때 착용하면 더 좋은 퍼포먼스에 도움을 받을 수 있다.

라리마

LARIMAR

라리마는 펙톨라이트*pectolite*라는 암석의 청색 버전이다. 도미니카 공화국에서만 산출된다. 용암층에서 형성되는 고요하고 평온한 돌로, '돌핀 스톤'과 '아틀란티스 스톤'으로도 알려져 있다.

⁂ **산지** 도미니카 공화국

⁂ **격자** 삼사정계

⁂ **형태** 자연형태, 블레이드, 연마, 조각

⁂ **에너지** 흡수

⁂ **색상** 블루

⁂ **차크라** 목, 제3의 눈

⁂ **사용법** 목 차크라에, 침대 옆에 또는 머리 쪽 침대 밑에 붙여놓기

⁂ **효능 영역** 이완, 가라앉히기와 달래기, 평화와 고요 증진, 지혜 말하기 격려, 트라우마 해소 원조, 꿈의 의미 밝히기

⁂ **병용 크리스털** 백수정, 셀레나이트

⁂ **활용 팁** 자신의 진실을 조용하고 지혜롭게 말하는 것이 중요할 때 라리마를 지니거나 착용하고 대화한다.

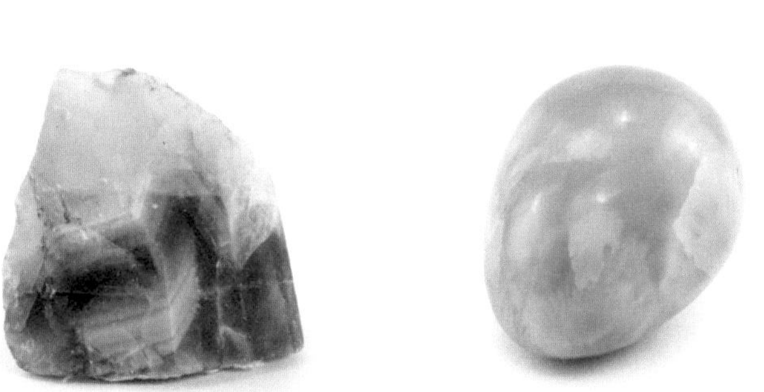

로드스톤

LODESTONE

천연자석이라고도 불리는 로드스톤은 자성을 띤 검은 돌로, 산화철로 이루어져 있다. 자력이 있어 작은 철 조각들이 붙어 있는 경우도 많다. 만약 이런 상태의 돌을 입수했다면 철 조각이 떨어져 나가지 않도록 다른 크리스털과 분리하여 세심하게 보관해야 한다.

✳ **산지** 오스트리아, 캐나다, 멕시코, 미국

✳ **격자** 단사정계

✳ **형태** 자연형태, 철이 붙은 자연형태, 연마(철 불포함)

✳ **에너지** 증폭

✳ **색상** 블랙

✳ **차크라** 뿌리

✳ **사용법** 뿌리 차크라 근처에, 팔찌로

✳ **효능 영역** 그라운딩, 보호, 내가 창조하는 것 끌어오기

✳ **병용 크리스털** 자체로 매우 강력

✳ **활용 팁** 로드스톤은 사용 중일 때를 포함하여 항상 보호 용기에 넣어둘 것을 권한다.

말라카이트

MALACHITE

말라카이트는 아주 오래전 내가 어렸을 때 처음으로 접했던 크리스털이다. 밝고 어두운 녹색 띠로 뒤덮인 아름다운 진녹색으로, 심장, 자연, 풍요, 치유의 돌이다.

✳ **산지** 콩고, 중동, 러시아, 잠비아

✳ **격자** 단사정계

✳ **형태** 자연형태, 연마, 조각, 컷

✳ **에너지** 흡수

✳ **색상** 그린

✳ **차크라** 가슴

✳ **사용법** 가슴 차크라 근처에, 목걸이나 팔찌로, 여행 중에 캐리어나 휴대용 가방 안에

✳ **효능 영역** 부정적 에너지 흡수, 에너지 및 신체의 오염에 대한 방호, 사고 예방, 여행과 관련한 두려움 해소

✳ **병용 크리스털** 라피스 라줄리

✳ **활용 팁** 말라카이트는 비행 중 보호를 제공한다고 믿어져 왔다. 비행 중에 작은 말라카이트를 휴대용 가방이나 핸드백 안에, 혹은 주머니 안에 넣어둔다.

몰다바이트

MOLDAVITE

몰다바이트는 유성 충돌로 생겨난 암석인 텍타이트의 한 종류로, '우주 돌'이라고 할 수 있다. 고진동 돌로써 12종의 유사한 고진동 돌(목록은 아래 참조)과 더불어 작용하는 시너지 돌로 알려져 있다.

✳ **산지** 체코 공화국, 독일, 몰도바

✳ **격자** 비결정

✳ **형태** 자연형태, 조각

✳ **에너지** 증폭

✳ **색상** 그린

✳ **차크라** 가슴 또는 크라운

✳ **사용법** 가슴 또는 크라운 차크라에 또는 근처에, 목걸이로

✳ **효능 영역** 신과 연결하기, 불안과 의심 가라앉히기, 진동 상승, 의미 있는 꿈 촉진, 회춘

✳ **병용 크리스털** 아제출라이트, 브루카이트, 댄버라이트, 허더라이트, 소다비석, 페털라이트, 페너사이트, 사티아로카 수정, 스콜레사이트, 탄자나이트, 텍타이트

✳ **활용 팁** 큰 몰다바이트는 값이 비싸다. 그러나 몰다바이트는 매우 강력해서 작은 것이어도 큰 효과를 얻을 수 있다.

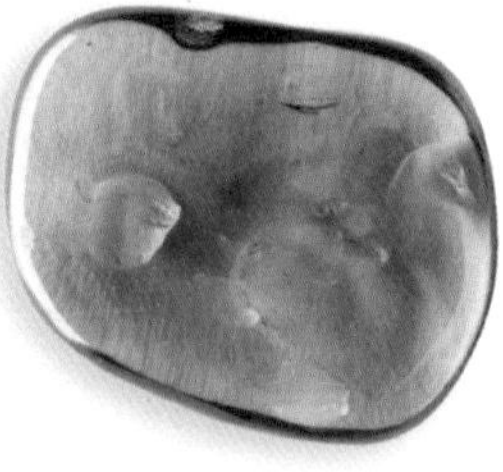

문스톤

MOONSTONE

문스톤은 장석의 일종으로, 유백색 광택을 지닌 푸르스름한 색이 특징이다. 다른 단사정계 돌들과 마찬가지로, 문스톤은 보호하는 돌이다. 더 높은 영역, 신, 직관에 연결해 주기도 한다.

✻ **산지** 오스트리아, 브라질, 인도, 스리랑카

✻ **격자** 단사정계

✻ **형태** 자연형태, 연마, 컷

✻ **에너지** 증폭

✻ **색상** 블랙, 피치, 화이트

✻ **차크라** 제3의 눈 또는 크라운

✻ **사용법** 제3의 눈 또는 크라운 차크라에 또는 근처에, 목걸이나 귀걸이로

✻ **효능 영역** 신과 연결하기, 직관력 강화, 결정과 합리적 사고 원조, 창의적 문제해결 자극, 자기표현 촉진, 수상 여행과 야간 여행 중의 보호

✻ **병용 크리스털** 장미 수정, 자수정

✻ **활용 팁** 수상에서 시간을 보낼 때나 야간에 여행할 때, 보호를 위해 주머니에 지니거나 장신구로 착용한다.

흑요석

OBSIDIAN

흑요석은 용암이 식으면서 분출된 화산유리로 여러 종류가 있다. 보통 검은색을 띠는데, 눈송이 흑요석의 경우처럼 점무늬를 동반하기도 한다. 뿌리 차크라 돌로써 보호하고 그라운딩 하는 효과가 있다.

- **산지** 세계 각지
- **격자** 비결정
- **형태** 자연형태, 연마, 컷
- **에너지** 증폭
- **색상** 블랙, 화이트를 동반한 블랙
- **차크라** 뿌리
- **사용법** 뿌리 차크라에 또는 근처에, 그라운딩 하는 명상을 할 때 손에
- **효능 영역** 오라 정화, 그라운딩, 화와 분노 완화, 부정적 에너지에 대한 방호
- **병용 크리스털** 백수정, 셀레나이트
- **활용 팁** 머리가 혼란스럽거나 에너지가 정체된 듯한 느낌이 들 때, 흑요석을 손에 쥐고 깊은 호흡을 한다.

오닉스

ONYX

오닉스는 칼세도니의 일종으로, 내부에 평행 띠를 지니고 있다. 보호하고 그라운딩 하는 돌로써 발현을 도와주며 과도한 성욕을 조절하는 데 도움을 준다.

✳ **산지** 브라질, 이탈리아, 멕시코, 미국

✳ **격자** 육방정계

✳ **형태** 자연형태, 연마, 컷

✳ **에너지** 흡수

✳ **색상** 블랙

✳ **차크라** 뿌리

✳ **사용법** 뿌리 차크라에 또는 근처에, 바지 주머니에

✳ **효능 영역** 그라운딩, 과도한 성욕 흡수, 친밀한 관계 내 조화 증진, 자기통제 증진, 근심과 긴장 완화, 악몽 달래기

✳ **병용 크리스털** 아게이트, 카넬리언

✳ **활용 팁** 오닉스를 침대 옆 탁자에 올려놓거나 침대 머리맡에 붙여놓으면 친밀한 관계에서 균형을 잡는 데 도움 된다.

오팔

OPAL

내부의 발광 작용(회절이라 불리는)이 뛰어난 오팔은 보석이자 치유석으로 높은 평가를 받는다. 그러나 오팔은 결정 구조를 지니고 있지 않아 정확하게 크리스털은 아니다. 부드럽고 수분 함량이 높아서 매우 예민하기 때문에, 절대로 물이나 소금으로 세척하면 안 된다.

✳ **산지** 오스트레일리아, 캐나다, 영국, 멕시코

✳ **격자** 비결정

✳ **형태** 자연형태, 연마, 컷

✳ **에너지** 증폭

✳ **색상** 블랙, 블루, 무색, 그린, 오렌지, 핑크, 레드, 바이올렛, 화이트, 옐로

✳ **차크라** 레드와 블랙—뿌리, 오렌지—천골, 옐로—태양신경총, 그린과 핑크—가슴, 블루—목, 바이올렛—제3의 눈, 무색과 화이트—크라운

✳ **사용법** 조응하는 차크라에 또는 근처에, 모든 유형의 장신구로, 꿈을 꾸기 위해 침대 머리맡에

✳ **효능 영역** 창의성, 영감, 신과 상위 자아에 연결하기, 변형의 흐름 촉진, 장애 돌파 원조, 기억력 개선

✳ **병용 크리스털** 라리마

✳ **활용 팁** 사용과 보관에 주의하고, 다른 크리스털과 분리하여 손상을 막는다.

페리도트

PERIDOT

올리바인 또는 크리솔라이트(귀감람석)라고도 하는 페리도트(감람석)는 아름다운 녹색 빛깔 덕분에 보석의 반열에 든다. 무조건적 사랑, 용서, 자비심, 그 밖에 가슴에 초점을 둔 감정과 경험의 돌이다. 정화하고 맑게 하는 돌이기도 하다.

✳ **산지** 이집트, 아일랜드, 러시아, 스리랑카

✳ **격자** 사방정계

✳ **형태** 자연형태, 연마, 컷

✳ **에너지** 증폭

✳ **색상** 그린

✳ **차크라** 가슴

✳ **사용법** 가슴 차크라에 또는 근처에, 목걸이나 팔찌로, 약지에 반지로

✳ **효능 영역** 긍정성 촉진, 모든 종류의 사랑, 용서, 자비심, 감정적 트라우마 치유, 에고 경감, 풍요, 행운, 오라 정화, 차크라 균형

✳ **병용 크리스털** 백수정, 장미 수정, 연수정

✳ **활용 팁** 특별한 행운이 필요하다고 느낄 때 휴대하거나 착용한다.

로도크로사이트

RHODOCHROSITE

로도크로사이트는 생기 넘치는 분홍빛 돌로, 줄무늬를 지니고 있다. 연분홍빛을 띤 것은 장미 수정으로 오인되기도 하는데, 실제로 두 크리스털은 몇 가지 유사한 형이상학적 속성을 공유한다. 그러나 일반적으로 진분홍색에 백색 줄무늬가 들어간 것들은 장미 수정이 아니라 로도크로사이트로 보는 것이 옳다.

✳ **산지** 아르헨티나, 페루, 러시아, 우루과이

✳ **격자** 육방정계

✳ **형태** 자연형태, 연마, 컷

✳ **에너지** 증폭

✳ **색상** 핑크

✳ **차크라** 진한 핑크—뿌리, 연한 핑크—가슴

✳ **사용법** 뿌리나 가슴 차크라에 또는 근처에, 목걸이나 팔찌로, 약지에 반지로

✳ **효능 영역** 자비심, 친절, 무조건적 사랑, 진정, 그라운딩, 용서, 오라 정화, 자기 자비심

✳ **병용 크리스털** 장미 수정, 백수정

✳ **활용 팁** 자기사랑이나 자기연민과 싸우고 있을 때, 받는(덜 쓰는) 손에 로도크로사이트를 쥐고 "나는 나 자신을 무조건적으로 사랑한다"라고 확언한다.

루비

RUBY

귀중한 보석으로 대접받는 루비는 강렬한 붉은빛을 지니고 있다. 루비와 사파이어는 값비싼 광물인 강옥의 변종들이다. 루비는 단독으로도 볼 수 있고, 푸크사이트나 조이사이트에 박힌 모습으로도 볼 수 있다. 광물에 박혀 있는 루비는 순수 루비보다 저렴하면서도 루비의 모든 속성을 고스란히 지니고 있다.

✳ **산지** 인도, 멕시코, 러시아

✳ **격자** 육방정계

✳ **형태** 자연형태, 연마, 컷

✳ **에너지** 증폭

✳ **색상** 레드

✳ **차크라** 뿌리와 가슴

✳ **사용법** 뿌리나 가슴 차트라에 또는 근처에, 목걸이나 팔찌로, 약지에 반지로

✳ **효능 영역** 모든 종류의 사랑, 가슴 열기, 사랑 표현, 자비심, 영적이고 신적인 사랑과 연결하기, 신뢰, 용기, 용서, 그라운딩, 막힌 감정과 에너지 청소

✳ **병용 크리스털** 사파이어, 장미 수정

✳ **활용 팁** 종류를 막론하고 어떤 감정에 사로잡혀 있을 때, 루비를 몸에 지니거나 장신구로 착용해서 장애를 극복하는 데 도움을 얻는다.

사파이어

SAPPHIRE

루비와 마찬가지로 사파이어도 강옥의 일종이다. 흔히 사파이어를 푸른색이라고 생각하지만, 오렌지, 옐로, 핑크 등 다른 색을 띠는 것들도 있다. 사파이어는 보호와 발현의 돌이다.

✳ **산지** 오스트레일리아, 브라질, 캐나다, 인도

✳ **격자** 육방정계

✳ **형태** 자연형태, 연마, 컷

✳ **에너지** 증폭

✳ **색상** 블루, 오렌지, 핑크, 옐로

✳ **차크라** 오렌지—천골, 옐로—태양신경총, 블루—제3의 눈 또는 목, 핑크—제3의 눈

✳ **사용법** 조응하는 차크라(특히 목 차크라) 또는 근처에, 목걸이나 귀걸이로, 불면증이 있을 때 침대 머리맡에

✳ **효능 영역** 자기표현, 소통, 수면 장애, 개인적 진실 말하기, 충정, 개인 의지를 신의 뜻에 순종시키기

✳ **병용 크리스털** 루비

✳ **활용 팁** 사파이어는 만트라 명상과 같은 음성 명상을 할 때 사용하면 특히 강한 에너지를 발휘한다.

셀레나이트

SELENITE

석고의 일종인 셀레나이트는 매우 무른 크리스털이다. 조각하기가 쉬워서 재미난 모양이나 탑으로 만들어놓은 것을 쉽게 볼 수 있다. 셀레나이트는 기본적으로 보호 돌이다. 에너지를 흡수하거나 저장하지 않기 때문에 정화가 필요 없으며, 다른 크리스털을 정화해 주는 역할을 한다.

- **산지** 중국, 프랑스, 인도, 미국
- **격자** 단사정계
- **형태** 자연형태, 연마, 조각, 컷
- **에너지** 증폭
- **색상** 화이트
- **차크라** 제3의 눈 또는 크라운
- **사용법** 제3의 눈 또는 크라운 차크라에 또는 근처에
- **효능 영역** 부정성에 대한 방호, 부정적 에너지 정화, 다른 크리스털 정화, 오라 정화, 직관력과 신에 연결하기, 용서
- **병용 크리스털** 모든 크리스털
- **활용 팁** 셀레나이트는 물러서 쉽게 상할 수 있다. 절대로 물이나 소금이 닿지 않도록 하고, 다른 크리스털들과 분리해서 보관한다.

소달라이트

SODALITE

소달라이트는 우리 삶에서 원하는 에너지를 고양하는 데 도움을 주는 천연 증폭기이다. 특정한 에너지가 지나치게 많고 다른 에너지들이 충분하지 않을 때는 에너지들의 균형을 맞춰준다.

✳ **산지** 오스트레일리아, 브라질, 캐나다, 러시아

✳ **격자** 등축정계

✳ **형태** 자연형태, 연마, 조각, 컷

✳ **에너지** 증폭

✳ **색상** 화이트를 품은 블루

✳ **차크라** 목과 제3의 눈

✳ **사용법** 목 또는 제3의 눈 차크라에 또는 근처에, 목걸이나 귀걸이로

✳ **효능 영역** 개인적 진실 말하기, 효율적 소통, 감정 균형, 직관력과 영적 안내에 연결하기

✳ **병용 크리스털** 자수정

✳ **활용 팁** 감정이 요동치고 있을 때 소달라이트가 효과적이다. 감정의 균형을 잡기 위해 소달라이트를 몸에 지니거나 장신구로 착용한다.

탄자나이트

TANZANITE

탄자나이트는 불필요해진 것들을 놓아버리는 데에, 에너지 장애를 해소하거나 원하지 않는 에너지를 일소하는 데 도움을 준다. 돌의 이름은 산지인 탄자니아에서 왔다.

✳ **산지** 탄자니아

✳ **격자** 사방정계

✳ **형태** 자연형태, 연마, 조각, 컷

✳ **에너지** 증폭

✳ **색상** 바이올렛 블루

✳ **차크라** 목, 제3의 눈, 크라운

✳ **사용법** 목, 제3의 눈, 크라운 차크라에, 또는 근처에, 귀걸이나 목걸이로

✳ **효능 영역** 원하지 않는 에너지나 불필요해진 것 일소, 상위 자아와의 연결 및 신과의 연결 촉진, 제3의 눈과 크라운 차크라 통합, 자기발견 및 자신의 영적 본성 발견 원조

✳ **병용 크리스털** 백수정, 셀레스타이트

✳ **활용 팁** 탄자나이트는 자신의 영적 신념을 발견하고 명료하게 하는 데 도움을 준다. 명상이나 기도를 할 때 받는(덜 쓰는) 손에 쥐고 있으면 좋다.

타이거 아이

TIGERS EYE

말 그대로 호랑이 눈을 닮았다고 해서 생겨난 이름이다. 황갈색이 가장 흔하지만, 파란 것도 있고 붉은 것도 있다. 발현 돌이며, 자아 문제로 고민 중일 때 도움이 된다.

✳ **산지** 브라질, 캐나다, 인도, 남아프리카

✳ **격자** 육방정계

✳ **형태** 연마, 조각, 컷

✳ **에너지** 흡수

✳ **색상** 블루, 레드, 옐로

✳ **차크라** 레드—뿌리, 옐로—태양신경총, 블루—목

✳ **사용법** 조응하는 차크라에 또는 근처에, 목걸이나 팔찌로

✳ **효능 영역** 자기표현, 자부심, 자존감, 자기정의定義, 자기애, 자기관념, 자기비판, 목표 발현

✳ **병용 크리스털** 황수정

✳ **활용 팁** 연마하지 않은 타이거 아이는 석면을 품고 있으니 사용을 피한다. 연마한 것은 석면의 위험이 없지만, 사용 후에는 안전을 위해 손을 씻는다.

토파즈

TOPAZ

토파즈는 탁월한 투명함을 지닌 보석으로, 에너지를 정화하는 데에 그리고 불필요해진 것들을 일소하는 데 도움을 준다. 에너지들을 조응시키고 균형을 맞추는 데에도 사용된다. 황금빛 토파즈가 가장 알려졌지만, 블루, 투명, 핑크, 그린, 피치 등 다른 빛깔을 띤 것들도 볼 수 있다.

⁂ **산지** 브라질, 캐나다, 인도, 남아프리카

⁂ **격자** 사방정계

⁂ **형태** 자연형태, 클러스터, 연마, 조각, 컷

⁂ **에너지** 증폭

⁂ **색상** 블루, 무색, 그린, 골드(가장 흔함), 피치, 핑크, 레드, 옐로

⁂ **차크라** 레드—뿌리, 피치—천골, 옐로 또는 골드—태양신경총, 그린—가슴, 블루—목, 핑크—제3의 눈, 투명—크라운

⁂ **사용법** 조응하는 차크라에 또는 근처에, 모든 종류의 장신구로, 부정적인 에너지를 정화하고자 하는 곳 주변이나 방의 구석에

⁂ **효능 영역** 자기표현, 자부심, 자존감, 자기정의, 자기애, 자기관념, 자기비판, 목표 발현, 창의적 비전 발현

⁂ **병용 크리스털** 탄자나이트, 셀레스타이트

⁂ **활용 팁** 확언을 말할 때, 또는 창의적인 프로젝트를 진행할 때 토파즈를 손에 쥐거나 몸에 착용한다.

투르말린

TOURMALINE

앞 장에서 블랙 투르말린을 보호 돌로 언급했지만, 다른 색도 가치 있는 치유 돌이다. 어떤 컬러든 그에 조응하는 차크라와 연관된 자질을 발현하는 데 도움을 준다. 예를 들어 그린 투르말린은 무조건적 사랑을, 핑크 투르말린은 로맨틱한 사랑을 발현하는 데 사용된다.

✳ **산지** 아프가니스탄, 브라질, 스리랑카, 미국

✳ **격자** 육방정계

✳ **형태** 자연형태, 수정 내부에, 연마, 조각, 컷

✳ **에너지** 증폭

✳ **색상** 블랙, 그린, 그린과 핑크(수박), 오렌지, 핑크, 레드, 옐로

✳ **차크라** 레드와 블랙—뿌리, 오렌지—천골, 옐로—태양신경총, 수박·핑크·그린—가슴

✳ **사용법** 적절한 차크라에 또는 근처에, 모든 종류의 장신구로, 특히 팔찌나 반지로

✳ **효능 영역** 욕구 발현, 활력 증대, 회춘과 재충전, 정화

✳ **병용 크리스털** 컬러가 다른 투르말린, 셀레나이트, 아쿠아마린

✳ **활용 팁** 수박처럼 녹색과 분홍색을 지닌 워터멜론 투르말린은 매우 강력한 사랑 발현 돌이다. 주는(자주 쓰는) 손에 쥐고 명상하면 무조건적 사랑을 베푸는 데 도움이 된다.

지르콘

ZIRCON

어린 시절 내 탄생석이 파란 지르콘이라는 것을 알았을 때, 그것이 인공 큐빅 지르코니아와 같은 것인 줄 알고 기겁한 적이 있다. 사실 둘은 아무 관계가 없다. 지르콘은 자연에서 산출되는 광물로, 보호하고 끌어오는 힘이 있다.

✳ **산지** 오스트레일리아, 캐나다, 파키스탄, 스리랑카

✳ **격자** 정방정계

✳ **형태** 자연형태, 연마, 조각, 컷

✳ **에너지** 증폭

✳ **색상** 블루, 옐로

✳ **차크라** 노랑—태양신경총, 파랑—목 또는 제3의 눈

✳ **사용법** 적절한 차크라에 또는 근처에, 모든 종류의 장신구로, 특히 목걸이나 팔찌로, 재미없는 업무를 맡았을 때 책상 위에

✳ **효능 영역** 자기애, 영적 성장, 신과 연결하기, 직관, 기쁨 생성, 특별히 흥미가 느껴지지 않는 것에 대한 열정 불러일으키기

✳ **병용 크리스털** 백수정, 아쿠아마린

✳ **활용 팁** 자연산 지르콘은 파란색이나 노란색을 띤다. 만일 다른 색을 띠고 있다면 열처리한 것일 수 있다.

Improve Your Life with Crystals

3부

크리스털로
더 나은 삶 만들기

7장

크리스털 처방

Crystal Prescriptions

이 장에서는 특정한 문제와 조건에 효과가 있는 크리스털 처방들을 공유한다. 나열된 각 주제에는 크리스털 세션을 시작하기 전에 마음을 안으로 향하게 하고 집중하기 위해 사용하는 만트라와 더불어 몇 가지 다른 제안이 들어 있다. 여러 번 말했던 것처럼, 자신과 가장 잘 공명하는 크리스털을 선택하는 것이 중요하다.

치유에는 시간이 걸린다. 변화를 촉발하기 위해서는 그 변화가 자신의 삶 속으로 찾아들도록 기꺼이 허용해야 한다. 여기에는 수용하는 태도가 필요하다. 의심이나 두려움은 가능한 한 옆으로 치워두고, 긍정과 수용의 마음으로 힐링 세션으로 나아가야 한다. 변화는 스스로 허용하고 기꺼이 받아들일 때만 다가온다. 여러분이 받는 데 익숙한 사람이 아니라면(사람들은 대부분 주는 것을 선호한다), 다음과 같은 긍정적인 선언으로 세션을 시작하라. "나는 받아들이기 위해 나를 연다." "나는 내가 받게 될 것에 감사한다."

학대

많은 사람이 평생 고통을 안겨주는 짐처럼 학대의 경험을 지고 산다. 누가 학대를 했든지, 언제 학대를 받았든지, 학대가 어떤 종류였든지(정서적이든, 정신적이든, 신체적이든, 성적이든) 상관없이, 힘찬 삶을 제대로 살기 위해서는 자신 안의 고통을 녹이는 작업을 해야 한다. 그래야 앞으로 나아갈 수 있다.

만트라

나는 그동안 견뎌온 모든 해악에서 벗어나
나 자신에게 자비심을 품고 앞으로 나아간다.

처방 1 — 카넬리언

학대의 결과는 개인적 힘의 중앙부인 천골 차크라에 머물고 있을 때가 많다. 이것은 신체적 혹은 성적 학대의 경우에 특히 더 그러하다. 오렌지색을 지닌 카넬리언은 효과적인 두 번째 차크라(천골 차크라) 돌이다.

받는(덜 쓰는) 손에 카넬리언을 쥐고 편안하게 앉거나 눕는다.

눈을 감고, 학대로 인한 고통을 천골 차크라 안의 검은 덩어리라 상상한다.

바닥에 닿은 몸의 부위(자세에 따라 발, 엉덩이, 등)에서 검은 덩어리가 빠져나가 땅속으로 흘러 들어가는 모습을 상상한다. 땅은 그 에너지를 중화하고 다시 균형을 잡아줄 것이다.

땅이 에너지를 모두 받아들였다고 느껴지면 카넬리언을 천골 차크라에 댄 채로 원하는 횟수만큼 만트라를 반복한다. 필요한 시간만큼 진행하고, 필요할 때마다 이 과정을 시행한다.

처방 2 — 옐로 타이거 아이

학대는 자부심와 자존감에 상처를 남기기도 하는데, 특히 정서적 학대와 정신적 학대는 더욱 그러하다. 이런 것들은 태양신경총과 연관된 문제이다.

받는(덜 쓰는) 손에 옐로 타이거 아이를 쥐고 고요하고 편안한 자세로 앉거나 눕는다. 타이거 아이가 편안하게 느껴지면 눈을 감는다.

흉골 밑의 태양신경총에서 황금색 빛이 커지는 모습을 상상한다.

앞의 만트라를 반복하고, 자존감을 위해 "나는 좋은 것들을 받을 자격이 있다" 같은 추가 만트라를 덧붙인다. 원하는 만큼 만트라를 반복한다.

처방 3 — 학대 그리드

학대에서 자주 생겨나는 세 가지 문제, 즉 안정/안전, 개인적 힘, 자존감에 도움이 되는 크리스털 그리드를 만든다. 여기서는 몸, 마음, 정신의 균형을 맞춰주는 삼각 그리드를 사용한다. 이 그리드를 침대 밑이나 책상 위, 또는 어디든지 시간을 많이 보내는 곳에 둔다. 한 달에 한 번 정도 크리스털들을 정화한다. 크리스털의 모양이나 크기는 상관없다. 그리드가 가져다주는 기쁨을 누려보라.

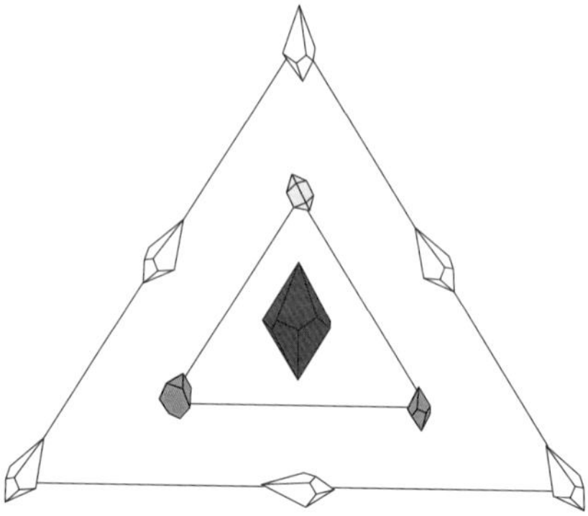

형태 삼각

중심석 블랙 투르말린(안정, 안전, 부정적 에너지 흡수)

의도석 황수정(자존감), 장미 수정(자기애), 카넬리언(개인적 힘)

경계석 백수정(에너지 확장)

중독

중독이라고 하면 약물과 알코올에 한정된 것으로 생각하지만 영양가 없는 음식이나 불건전한 관계 등 자신에게 도움이 되지 않는 모든 것에 대한 지속적인 집착을 포함한다. 아래의 처방들은 어떤 종류의 중독이든 벗어나기 위한 노력에서 개인적 힘을 강화하고 집착을 해소하는 데 도움을 줄 것이다.

만트라

나는 건강하지 못한 모든 집착에서 벗어나
자유로운 상태로 나아간다.

처방 1 — 헤마타이트

중독은 기본적으로 뿌리 차크라와 연관되어 있다. 따라서 뿌리의 균형을 잡아주는 크리스털을 쓰면 도움이 된다. 중독은 과도한 에너지에서 생겨나는 문제이기 때문에 뿌리 차크라 에너지의 균형을 잡아줄 필요가 있다. 따라서 증폭과 반대로 흡수하는 크리스털을 선택하는 것이 좋다. 헤마타이트가 중독에 매우 효과적인 이유가 바로 이것이다.

가장 자주 앉는 자리 밑에, 그리고 침대 발치에 작은 헤마타이트 조각을 붙여놓는다. 바지 주머니에 헤마타이트 조각을 넣고 다니거나 헤마타이트 반지를 착용해도 된다(깨지면 새것으로 갈아 끼운다).

중독을 이겨내기 어렵다고 느껴질 때는 주는(자주 쓰는) 손에 헤마타이트를 손에 쥐고 눈을 감은 채 충동이 지나갈 때까지 만트라를 반복한다. 이 과정을 진행하는 동안 매일 헤마타이트를 정화한다.

처방 2 — 자수정

자수정은 '금주의 돌'로 알려져 있다. 술에 취하는 것을 막아준다는 믿음이 있었기 때문이다. 향정신성 물질(카페인이나 니코틴 포함)에 중독된 경우라면 자수정을 항상 지니고 다니는 것이 좋다.

중독성 물질을 향한 충동을 느낄 때, 주는(자주 쓰는) 손에 자수정을 쥐고 눈을 감은 채 만트라를 외운다.

충동이 지나갈 때까지 만트라를 반복한다.

과정을 진행하는 동안 매일 자수정을 정화한다.

처방 3 — 차크라 배열

책상이나 침대 밑 등 많은 시간을 보내는 곳에 차크라 돌들로 간단한 배열을 만든다. 만일 침대 밑이라면 누웠을 때 뿌리 차크라가 오게 되는 가장 아래쪽에 블랙 투르말린을 놓고, 크라운 차크라가 오는 가장 위쪽에 하울라이트를 놓는다. 이 크리스털들은 중독과 연관되어 있을 수도 있는 각 차크라의 과도한 에너지를 흡수한다.

형태 수직선

크리스털(순서대로) 하울라이트(크라운 차크라),
라피스 라줄리(제3의 눈 차크라), 소달라이트(목 차크라),
말라카이트(가슴 차크라), 옐로 타이거 아이(태양신경총 차크라),
카넬리언(천골 차크라), 블랙 투르말린(뿌리 차크라)

화

사람은 누구나 화를 낸다. 화를 다루는 가장 좋은 방법은 스스로 화를 충분히 경험하도록 허용하는 것이다. 화는 통제하려고 하지 않을 때 오히려 더 빨리 지나가기 때문이다. 그러나 화가 사라지지 않는다면, 혹은 과도하거나 장기적인 화에서 생겨난 분노, 좌절감, 분개 같은 문제를 겪고 있다면, 크리스털 세션이 우리를 해방시켜 앞으로 나아가게 할 것이다.

만트라

나는 고요하고 긍정적인 자기표현으로 나의 화를 다스린다.

처방 1 — 말라카이트

화는 가슴 차크라의 문제일 때가 많다. 화는 과도한 표현과 지나친 에너지의 감정이기 때문에 흡수가 필요하고, 따라서 그 에너지를 흡수할 수 있는 불투명 크리스털이 요구된다. 말라카이트의 진녹색은 과도한 에너지를 흡수하여 가슴 차크라 에너지의 균형을 잡아준다. 남편이 심장마비를 겪고 난 뒤에 나는 말라카이트를 긴 끈에 매달아 심장 높이에 오도록 걸어주었다. 이것이 여기서 제시하는 처방이다. 분노와 화는 심장 안에 자리를 잡고 들어와 불균형적이고 과도한 에너지를 일으킨다. 심장 높이에 걸린 말라카이트는 이런 에너지를 효과적으로 흡수한다.

말라카이트를 끈에 매달아 심장 높이에 오도록 목에 걸고 온종일 지낸다.

말라카이트를 매일 정화한다.

계속 화가 일면서 지나가지 않는다고 느껴진다면, 주는(자주 쓰는) 손에 말라카이트를 쥐고 그 돌이 편안하게 느껴졌을 때 눈을 감고 만트라를 반복한다.

처방 2 — 레드 또는 블랙 재스퍼

화는 두려움에서 오기도 한다. 두려움을 느낄 때 화가 방어기제 역할을 하기 때문이다. 두려움에서 오는 화를 다루는 데에는 불투명한 블랙이나 레드 재스퍼가 필요하다. 그것들을 바지 주머니에 넣고 다닐 것을 권한다. 화가 당신을 휩쓴 채 사라지지 않는다면, 두려움에 대한 방어기제가 아닌지 자신에게 물어보라.

주는(자주 쓰는) 손에 홍옥을 쥐고 두 발을 바닥에 단단히 붙인다.

화가 검붉은 구름이 되어 발바닥에서 땅속으로 흘러내리면서 중화되는 모습을 상상한다.

여기서도 만트라를 사용할 수 있다.

처방 3 — 화 해소 그리드

간단한 원형 그리드를 추천한다. 원은 단일성과 통일을 상징한다. 이 그리드 안의 돌들은 두 가지 역할을 하도록 설계되었다. 화를 흡수하고, 자비심을 증폭하는 것이다. 어디든 많은 시간을 보내는 곳이나 침대 밑에 그리드를 놓아둔다. 특히 중심석을 비롯한 모든 돌을 2일에서 3일에 한 번씩 정화한다. 이 그리드에서 돌들의 모양이나 형태는 상관 없다.

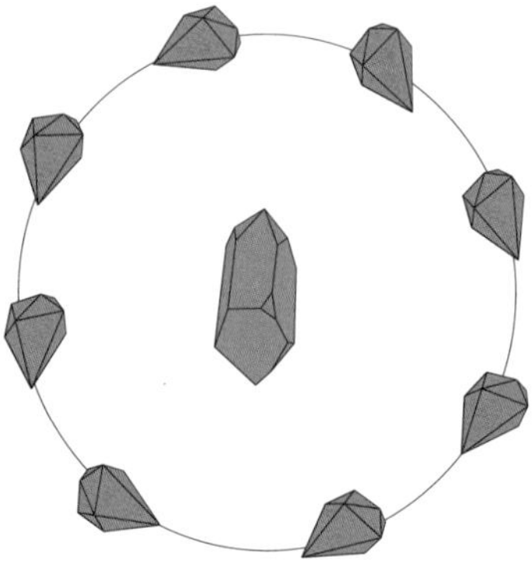

형태 원

중심석 말라카이트(화 흡수)

경계/의도석 장미 수정(자비심 증폭)

불안

불안은 걱정처럼 일시적일 수도 있고 만성적일 수도 있으며, 심신쇠약을 낳을 수도 있다. 불안에는 사회 불안장애, 강박장애, 공포증, 범불안장애 등 여러 유형이 있다. 단기 스트레스는 별도 처방으로 다루었고 여기서는 만성적인 불안에 대해 처방한다. 불안 역시 과도한 에너지 상태의 일종이기 때문에, 흡수하고 위로하고 진정시키는 불투명 크리스털이 필요하다.

만트라

나는 평화다.

처방 1 — 호박

호박은 불안을 느낄 때 마음을 다잡는 데 도움이 된다. 사회 불안장애가 있다면, 격렬한 사회적 상황에서 호박을 목걸이, 팔찌, 반지로 착용하거나 바지 주머니에 넣어두면 불안을 잠재울 수 있다.

받는(덜 쓰는) 손에 호박을 쥐고 그 온기를 느껴본다.

자신의 태양신경총과 실내에 있는 다른 사람들의 태양신경총이 노란빛으로 연결되는 모습을 상상한다.

불안이 지나갈 때까지, 필요한 시간만큼 깊이 숨을 쉰다.

처방 2 — 소달라이트

차분한 푸른색을 지닌 소달라이트는 완벽한 항불안 크리스털이다.

주는(자주 쓰는) 손에 소달라이트를 쥔다. 조용히 앉는다. 소달라이트가 편안하게 느껴지면 눈을 감는다.

불안이 팔을 거치고 손을 지나 소달라이트 안으로 흘러드는 모습을 상상한다. 동시에 만트라를 반복한다.

이 과정을 하루에 1회 이상 진행하고, 소달라이트는 매일 정화한다.

처방 3 — 라벤더 에센셜 오일과 자수정

나도 종종 불안을 겪었고, 대개는 밤에 잠들려고 애쓸 때 찾아왔다. 그 결과, 불안으로 인한 불면증으로 숱한 밤을 뜬눈으로 보냈다. 이와 비슷하게 잠들 때마다 불안이 일어난다면, 다음의 이중 치료법을 시도해 보라.

욕조에 따뜻한 물을 채우고 라벤더 에센셜 오일 네 방울을 떨어뜨린다. 10분에서 20분 동안 몸을 담근다. 불안이 일어나면 그 불안이 물에 떠 있는 모습을 상상하며 만트라를 외거나 "고요하다"라는 말을 반복한다.

물이 빠지는 동안 욕조 안에 앉아 있으면서 자신의 걱정이 물과 함께 빠져나가는 모습을 상상한다. 물이 불안과 함께 다 빠져나가면 욕조에서 나와 몸을 닦는다.

침대 머리맡 아래쪽에 호박을 붙여놓거나 침대 옆 탁자에 올려놓은 상태에서(혹은 두 가지 다 해놓은 상태에서) 침대에 눕는다. 다시 불안이 올라온다면, 불안이 구름이 되어 머리에서 무해하게 흘러나와 우주 속으로 사라지는 모습을 상상한다. 만트라를 반복한다.

균형

어떤 식으로든 균형을 잃었을 때 나는 균형을 되찾기 전까지 삶이 엉클어졌다는 느낌과 함께 불행하다는 생각에 사로잡힌다. 일과 삶 사이의 균형이 무너지거나, 몸과 마음, 정신 중의 어느 하나에 지나치게 집중해 다른 둘을 희생하거나, 충분한 휴식 없이 너무 많은 스트레스를 받는 등 균형 상실은 여러 방식으로 나타난다. 첫 단계는 어딘가 균형을 잃었다는 것을 스스로 알아차리는 것이다. 다음으로 아래의 처방들을 이용해 재균형을 찾아보자.

만트라

나의 모든 것은 균형을 이루고 있다.

처방 1 — 레인보우 플루라이트

다양한 색을 가진 레인보우 플루라이트는 에너지의 균형을 잡는 데 도움을 준다. 균형을 잃었다는 느낌이 들 때 장신구로 착용하라.

하루에 몇 번씩(예를 들면 잠에서 깼을 때와 잠자리에 들 때), 받는(덜 쓰는) 손에 레인보우 플루라이트를 쥔다.

만트라를 반복한다.

처방 2 — 터키석

터키석은 조화의 돌로써 에너지의 균형을 잡고 평화의 중심에 머무르게 한다.

터키석을 장신구로 착용하는 것은 이 돌을 즐기면서 균형을 찾아갈 수 있는 좋은 방법이다.

터키석의 조화로운 에너지를 유지하기 위해 2일에서 3일마다 정화한다.

처방 3 — 블랙 투르말린과 백수정

블랙 투르말린과 백수정은 조화롭게 작용하여 심신체계 전체에 균형 잡힌 에너지를 생성한다.

바닥이나 편안한 침대 또는 소파에 눕는다.

뿌리 차크라 가까이 블랙 투르말린을, 크라운 차크라 가까이 백수정을 놓는다. 두 크리스털이 편안하게 느껴지면 눈을 감는다.

에너지가 뿌리에서 크라운으로 흘렀다가 다시 크라운에서 뿌리로 흐르는 모습을 상상한다. 원하는 경우 만트라를 반복한다.

경계

건강한 경계 설정을 어려워하는 사람들이 많다. 경계를 건강하게 유지하는 일은 마음, 정신, 정서, 신체 건강에 매우 중요하다. 적절히 확고한 경계를 갖는 일은 자아감을 지켜줄 뿐 아니라 자신과 상대방 모두 친절과 자비심 어린 방식으로 상호작용할 수 있게 해준다. 그러나 사랑의 행동이 필요한 상황에서 그 행동을 허용하지 않을 정도로 경계가 확고하면 안 된다. 따라서 경계는 확고하면서도 유연해야 하고, 궁극적으로 자기애에 바탕을 두어야 한다.

만트라

나의 경계는 확고하면서도
사랑을 허용하는 데 충분할 만큼 유연하다.

처방 1 — 옐로 카이아나이트

옐로 카이아나이트의 두 가지 속성은 경계 설정에 더없이 적합하게 한다. 첫째, 삼사정계 결정 구조가 이 돌을 경계석 또는 주변석으로 만들어준다. 둘째, 옐로 카이아나이트는 자아와 경계에 대한 건강한 감각의 에너지가 머무는 태양신경총 차크라를 강화한다.

주는(자주 쓰는) 손에 옐로 카이아나이트를 쥐고 명상하면서 만트라를 반복한다.

5분에서 10분 정도, 또는 경계가 제자리에 확고하게 세워졌다는 느낌이 들 때까지 이 과정을 진행한다.

처방 2 — 터키석

또 다른 삼사정계 결정인 터키석은 훌륭한 경계 설정자이다. 터키석 장신구를 추천한다.

아침에 터키석 장신구를 착용한다.
터키석이 발산하는 에너지가 나를 둘러싸는 모습을 상상하며 만트라를 반복한다.

처방 3 — 래브라도라이트

래브라도라이트는 내면의 힘을 발견하고 직관력을 활성화하여 건강한 경계를 설정하는 힘을 기르도록 해준다. 목 차크라와 연관된 돌이기도 해서 진실을 말하는 데, 즉 나의 경계를 언어화할 때 필요한 무언가를 말하는 데 도움을 줄 수 있다.

누군가가 뭔가를 해달라고 부탁해 올 때, 즉각 움직이지 말고 잠시 멈춘다.
래브라도라이트를 손에 쥐고 자신에게 묻는다. "이것은 나의 개인적 경계 안에서 하는 일인가?" 그리고 어떤 대답이 떠오르는지 지켜본다.
만일 그 일이 나의 경계 밖에 있다는 느낌이 든다면 거절해도 좋다.

자비심

자신을 위해서든 타인을 위해서든, 자비심은 우리가 길러야 할 가장 중요한 품성이다. 자비심을 느끼기 어려운 상황이 종종 우리를 찾아온다. 그러나 자비심은 우리 자신과 다른 사람들을 신성한 존재로 경험할 수 있도록 해주는 필수적인 고진동 자질이다.

만트라

나는 내 눈앞의 모든 사물과 사람들을 자비심의 눈으로 본다.

처방 1 — 장미 수정

자비심은 정신과 심장에서 나오는 감정이다. 자비심을 증폭하는 것이 우리의 목표이기 때문에, 증폭해 주는 돌을 사용하는 것이 도움이 된다. 장미 수정은 자비심을 기르기 위한 고진동 크리스털의 하나이자 천연 증폭기인 육방정계 돌이기도 하다.

자신을 향한 자비심을 위해, 장미 수정을 받는(덜 쓰는) 손에 쥐고 심장에 갖다 댄다.

타인을 향한 자비심을 위해, 장미 수정을 주는(자주 쓰는) 손에 쥐고 심장에 갖다 댄다.

장미 수정이 편안하게 느껴지면 눈을 감는다. 만트라를 반복하면서 온몸에 자비심이 흐르는 것을 느낀다.

처방 2 — 아쿠아마린

판단을 내려두지 않으면 자비심을 경험하기가 어려워진다. 아쿠아마린 역시 육방정계(증폭) 돌로써 마음을 내려놓는 데 도움을 준다.

자신이나 타인에 대한 판단이 자비심을 가로막고 있음을 알아차렸을 때, 주는(자주 쓰는) 손에 아쿠아마린을 쥐고 판단이 흩어져 사라지는 모습을 상상한다.
아쿠아마린을 손에 쥔 채로 만트라를 반복한다. "나는 판단을 내려놓는다. 나는 자비심을 허용한다."

처방 3 — 페리도트 명상

페리도트는 또 다른 '심장의 돌'이자 '자비심의 돌'이다.

편안하게 누워 가슴 차크라에 페리도트를 올려놓는다. 심장의 박동에 집중한다. 페리도트가 편안하게 느껴지면 눈을 감는다.
사람이나 대상을 떠올리고, 나의 엄청난 자비심이 그 사람이나 대상을 향해 흘러가는 모습을 상상한다. 그 사랑과 자비심의 느낌을 심장으로 끌어와, 심장이 박동할 때마다 내 몸을 채우고 혈관을 따라 온몸 구석구석으로 흘러가서 나를 벗어나 우주로 확장해 가는 것을 느낀다.
이 과정을 원하는 시간만큼 진행한다.

용기

용기는 두려워하지 않는다는 뜻이 아니다. 두려울 때라도 나에게 올바른 것이라고 믿는 일을 하는 것이다. 용기는 태양신경총에서 나오는 자질이기 때문에, 크리스털 처방은 이 차크라에 초점을 맞추어야 한다.

만트라

나는 나에게 가장 좋은 결과가 될 거라고 믿는 것을
실행할 용기가 있다.

처방 1 — 황수정

황수정은 증폭하는 돌로써 금빛 황색이 태양신경총 차크라의 주파수로 진동하기 때문에 강력한 용기의 돌이 된다.

용기가 필요할 때, 받는(덜 쓰는) 손에 황수정을 쥔다.

만트라를 반복한다.

처방 2 — 아쿠아마린

용기의 돌로 알려진 아쿠아마린은 용기를 북돋울 필요가 있다고 느낄 때 몸에 지니거나 장신구로 착용하면 좋다.

안락한 구역을 벗어나 뭔가를 해야 해서 용기가 필요하다고 느껴지는 날,

아쿠아마린 팔찌나 목걸이, 또는 반지로 나를 꾸민다.

아쿠아마린의 에너지를 불러내 나에게 용기를 불어넣어 주도록 한다. 만트라를 반복한다.

처방 3 — 용기 그리드

아마조나이트도 용기의 돌이다. 아쿠아마린과 황수정을 아래위로 놓아 용기 그리드를 만든다. 아마조나이트를 중심석으로 놓고, 에너지의 방향을 잡고 증폭하기 위해 백수정 포인트를 경계석으로 놓는다.

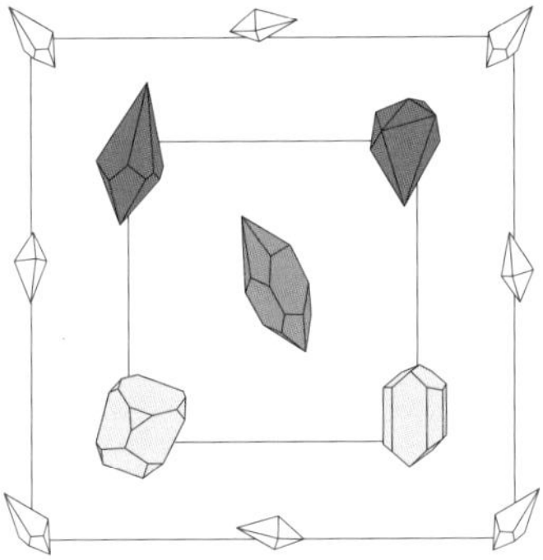

형태 사각

중심석 아마조나이트(그린)

의도석 아쿠아마린(블루), 황수정

경계석 백수정 포인트(에너지 증폭)

결단력

우리가 어떤 결정을 할 때 가장 좋은 안내자는 직관과 심장이다. 직관과 심장은 제3의 눈과 가슴 차크라의 영역이다. 특히 제3의 눈에 대한 집중은 우리를 더 높은 차원의 안내와 연결해 우리가 경험하거나 달성할 수 있는 가장 좋은 결과를 위한 결정을 내리는 데 도움을 준다.

만트라

나에게 가장 좋은 결정을 할 수 있도록 안내하는
나의 직관력에 감사합니다.

처방 1 — 자수정

자수정은 우리를 신의 안내 시스템과 연결해 주는 가장 강력한 크리스털의 하나이다. 이런 육방정계 크리스털들은 우리의 상위 자아에서 오는 메시지를 증폭하여 그것을 지혜와 안내로써 알아챌 수 있도록 해준다.

결정해야 할 때, 받는(덜 쓰는) 손에 자수정을 쥐고 자신이 내려야 하는 결정을 마음속에 떠올린다.

만트라를 반복하면서, 질문에 대한 답이 떠오를 때까지 고요히 앉아 있는다.

처방 2 — 아메트린

아메트린은 제3의 눈과 태양신경총을 연결하고, 심장을 통해 에너지를 끌어와 제3의 눈과 태양신경총 사이를 흐르게 한다. 이것은 아메트린이 더 높은 차원의 안내에 기반한 결정을 내리도록 하는 데서 나아가 직감뿐 아니라 사랑과 자비심에 기반한 결정을 내리도록 해주는 훌륭한 크리스털이라는 것을 말해준다.

등을 대고 누워 가슴 차크라와 목 차크라의 중간(위쪽 가슴)에 아메트린을 올려놓는다.

내려야 하는 결정에 대해 질문한다.

태양신경총에서 에너지가 위쪽으로 이동하여 목 차크라를 지나 제3의 눈 차크라로 흘러 들어가는 모습을 상상한다.

결정을 내리도록 안내하는 정보가 흘러 들어오도록 허용한다.

처방 3 — 제3의 눈 그리드

자수정과 백수정으로 제3의 눈 그리드를 만든다. 침대 옆 탁자에 그리드를 펼쳐놓고, 잠자리에 들기 전에 질문을 던진 다음 그대로 잠을 청한다. 잠을 자는 동안 자수정과 백수정이 답을 얻을 수 있도록 도와줄 것이다. 크리스털의 크기나 모양은 상관없다.

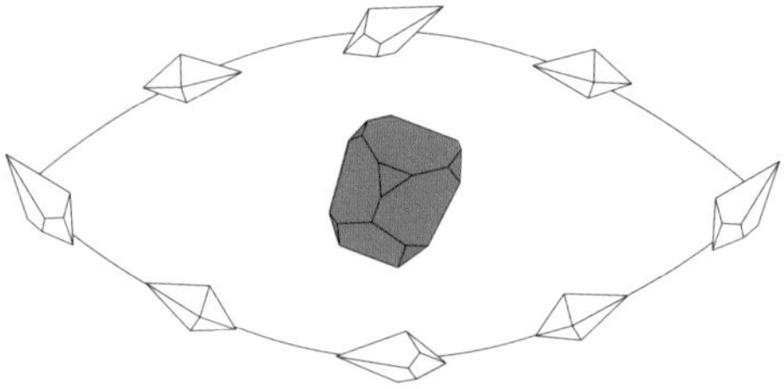

형태 눈

중심석 자수정(제3의 눈과 직관에 깊이 연관된 크리스털)

경계/의도석 백수정(에너지 증폭)

부러움

부러움은, 그리고 그 가까운 사촌인 질투는 평화와 기쁨 속에서 우리의 길을 나아가지 못하도록 만든다. 이런 감정은 다른 사람이 뭔가를 가진다는 것이 내가 그것을 가질 수 없다는 것을 의미한다는 그릇된 믿음에서 올 때가 많다. 내가 가지지 못하고 다른 사람이 가진 것에 초점을 맞추는 대신, 내가 창조하기로 선택한 것에 초점을 맞추는 것이 좋다.

만트라

나는 내가 원하는 삶을 창조하고 있다.

처방 1 — 그린 아벤츄린

부러움도 과도한 에너지의 한 형태이기 때문에, 흡수하는 돌이 이상적인 선택이다. 진부하게 들릴지 모르지만, 녹색 돌은 부러움이나 질투를 해소하는 데 효과적이다. 그린 아벤츄린은 두 가지 목적에 봉사한다. 질투를 해소하게 해주고, 개인적인 목표를 응원한다.

부러움을 느낄 때, 양손에 그린 아벤츄린을 하나씩 쥔다.

부러움을 녹색 연기라고 상상하고, 그 연기가 몸에서 피어올라 받는(덜 쓰는) 손안의 아벤츄린으로 흘러 들어가는 모습을 떠올린다.

부러움이 나의 에너지장을 벗어나면, 받는(덜 쓰는) 손안의 아벤츄린으로 주의를 돌리고 만트라를 반복한다.

과정이 끝나면, 받는(덜 쓰는) 손의 아벤츄린을 바닥에 내려놓아서 에너지가 땅속으로 흡수되어 중화되도록 한다.

처방 2 — 말라카이트

불투명한 녹색을 지닌 말라카이트는 부러움과 같은 부정적 감정을 흡수한다.

등을 대고 누워 심장 위에 말라카이트를 올려놓는다. 말라카이트가 편안하게 느껴지면 눈을 감는다.

부러움이 온몸을 거쳐 말라카이트 안으로 흘러 들어가는 모습을 상상한다.

더는 질투가 느껴지지 않을 때까지 진행한다.

처방 3 — 카넬리언과 아파타이트

카넬리언은 부러움을 해소하는 데 도움을 주고, 아파타이트는 자신의 긍정적인 목표를 향해 나아가는 데 집중할 수 있도록 도와준다. 이 조합은 부러움과 질투를 해소하는 데 매우 강력하다. 일단 목표를 향해 긍정적인 전진을 시작하면, 내가 가지지 못한 남의 것에 덜 집중하게 되기 때문이다. 간단한 명상법을 소개한다.

편안하게 앉거나 눕는다. 받는(덜 쓰는) 손에 카넬리언을 쥐고, 주는(자주 쓰는) 손에 아파타이트를 쥔다.

아파타이트로부터 나의 목표를 향한 긍정적인 움직임이 몸 안으로 흘러 들어오고, 반대편 손을 통해 부러움과 질투가 카넬리언 안으로 밀려 들어가는 모습을 상상한다.

명상이 끝나면 카넬리언을 정화한다.

용서

나에게 상처 준 사람의 잘못을 면해주는 것이 용서라고 오해하는 사람들이 많다. 그렇지 않다. 용서는 다른 사람의 행위나 나 자신의 행위로 생겨났다고 여기는 고통을 더는 짊어지지 않기로 선택하는 일이다. 용서는 자기애의 행위이다.

만트라

나는 과거의 상처에서 놓여나 사랑 속에서 앞으로 나아간다.

처방 1 — 로도크로사이트

사랑스러운 핑크빛 돌인 로도크로사이트는 용서에 도움이 된다.

편안하게 앉거나 누워서, 두 손으로 감싸 쥔 로도크로사이트를 심장 위에 올려놓는다.

만트라를 반복한다. 평화로움이 느껴질 때까지 이 과정을 진행한다.

처방 2 — 아파치 티어

아파치 티어는 힘들고 고통스러운 느낌을 극복하는 데 도움을 준다. 특히, 앞으로 나아가고 용서할 수 있도록 부정적인 감정에서 놓여날 필요가 있을 때 사용하라.

주는(자주 쓰는) 손에 아파치 티어를 쥐고, 나의 모든 고통스러운 감정들이 어두운 그림자가 되어서 팔을 타고 흘러내려 손을 지나 크리스털 속으로 흘러드는 모습을 상상한다.

맑아진 느낌이 들었을 때, 용서해야 하는 사람을 떠올리면서 말한다. "당신을 놓아드립니다. 당신을 용서합니다."

이 과정을 원하는 만큼 반복한다.

처방 3 — 용서 그리드와 명상

65쪽의 '용서 그리드'를 만들어서, 편안하게 명상할 수 있는 자리 옆에 놓는다. 그리드 가까이 앉거나 누워서, 용서하고자 하는 사람을 떠올린다. 나와 그 사람 사이에 이어진 에너지를 둘 사이의 끈이라고 상상한다. 이제 끈을 자르는 모습을 상상하면서 만트라를 반복하거나 "당신을 놓아드립니다" 하고 말한다. 끈이 잘린 뒤에는 용서해야 하는 사람이 흰빛에 둘러싸인 모습을 상상한다.

감사

감사는 매우 강력하고 더없이 바람직한 에너지 상태이다. 감사 속에서 살아갈 때 우리 삶에 진정한 변화가 일어난다. 감사는 우리를 우리의 진정한 본질과 합치시키기 때문이다. 감사는 우리를 진정으로 중요한 것들에 집중하도록 만든다.

만트라

내가 보고, 알고, 경험하는 모든 것에 감사합니다.

처방 1 — 장미 수정

감사는 가슴 차크라에서 생겨나는 자질이다. 따라서 핑크나 그린 크리스털이 감사의 발현을 돕는 데 특히 강력하다. 이런 크리스털들을 구할 수 없다면, 하트 모양의 장미 수정이 감사에 매우 강력하니 펜던트로 착용하면 좋다. 하트 모양으로 된 것이 없다면 다른 모양도 상관없다.

장미 수정을 긴 줄에 달아서 가슴 차크라에 오도록 착용한다.

처방 2 — 아쿠아마린

감사를 표현하기가 어렵다면 블루 크리스털이 목 차크라를 활성화하여 언어적 표현에 도움을 줄 수 있다. 증폭 크리스털인 아쿠아마린은 발현을 도와 감사 표현을 위한 세션을 할 때 사용하면 좋다.

아쿠아마린을 목걸이로 착용한다.

만트라를 하루에 여러 번 반복하여, 감사를 더 적절하게 표현하는 데 도움을 얻는다.

처방 3 — 감사 그리드

명상을 할 수 있는 장소에 하트 모양 그리드를 만든다. 그리드 가까이 앉는다. 그리드가 편안하게 느껴지면 눈을 감는다. 감사가 온몸을 흘러 심장으로 모여드는 모습을 상상한다. 심장이 박동할 때마다 감사가 온몸으로 퍼져나가는 모습을 상상한다. 감사가 나의 온몸과 주위에 흘러넘치도록 허용한다.

형태 하트

중심석 장미 수정—하트 모양, 만일 없다면 아무 모양이나(자기애)

경계석 백수정(에너지 증폭)

슬픔

슬픔은 상실에서 오는 자연스러운 감정으로, 스스로 충분히 경험하도록 허용해야 지나간다. 반대로 슬픔에 묶여 있으면 기쁨과 감사의 순간들을 누리기가 어렵다. 크리스털 세션은 슬픔이 건강한 방법으로 지나가도록 도와주고, 앞으로 나아가지 못하고 슬픔에 묶여 있도록 만드는 장애들을 제거해 준다.

만트라

나는 사랑 속으로 걸어 들어가 나의 고통을 치유한다.

처방 1 — 아파치 티어

아파치 티어는 슬픔 치유제로 널리 알려진 크리스털이다. 슬픔 자체를 없애주지는 않지만, 건강한 방법으로 슬픔을 통과할 수 있도록 도와준다.

침대 옆 탁자에 아파치 티어를 놓아두고 잔다.

그리고 늘 지니고 다니면서 슬픔을 통과한다.

처방 2 — 루비

루비는 깊이 상처받은 심장을 치유하는 데 도움을 주는 크리스털이다.

앉거나 누워서, 루비를 두 손으로 감싸 쥔 채 가슴 차크라에 올려놓는다. 만트라를 반복하면서, 루비에서 나오는 치유의 빛이 몸속으로 흘러 들어가 온몸을 채우면서 슬픔을 씻어내는 모습을 상상한다.

처방 3 — 슬픔 그리드

'슬픔의 단계 그리드'를 만들어서 침대 밑이나 시간을 많이 보내는 곳 가까이 놓아둔다. 한가운데에 아파치 티어를 첫 크리스털로 놓고, 밖으로 돌아 나가는 나선형이 되도록 다른 크리스털들을 순서에 따라 배치한다. 헤마타이트(화를 위해), 레인보우 플루라이트(부정을 위해), 블루 카이아나이트(협상을 위해), 연수정(우울을 위해), 자수정(수용을 위해). 크리스털들이 이루는 독특한 구도 때문에, 여기서는 중심석이나 경계석이 따로 없다. 대신 각 크리스털이 슬픔의 각 단계를 다룬다.

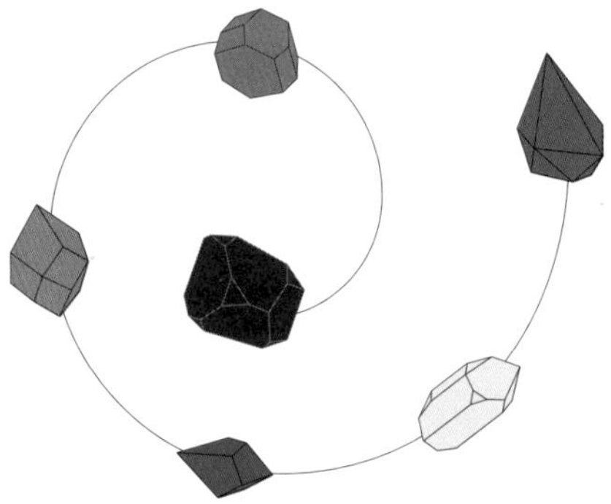

행복

행복은 선택이다. 그러나 일상의 스트레스와 사소함에 얽매이게 되면, 우리가 행복이나 기쁨을 선택하기만 하면 된다는 사실을 잊곤 한다. 아래의 크리스털 처방들은 우리 삶의 외적 조건에 상관없이 행복을 선택하는 것을 상기하는 데 도움이 된다.

만트라

나는 모든 순간에 기쁨과 행복을 선택한다.

처방 1 — 호박

호박은 행복을 위한 최상의 돌이다. 호박을 피부에 닿도록 착용했을 때, 이 보석은 아름다운 금빛과 자연스러운 온기를 발산한다. 호박 장신구 착용은 우리를 행복의 에너지로 진동하도록 돕는다. 또한 행복해지기로 선택한 것을 상기하게 하는 시각적 장치 노릇도 한다.

받는(덜 쓰는) 손에 호박 장신구를 쥔다.

만트라를 반복한 뒤 착용한다.

처방 2 — 연수정

연수정은 부정적 에너지를 긍정적 에너지로 변환해 주는 아름다운 크리스털이다. 스트레스가 심하거나 힘든 시기를 보내고 있어서 행복해지기가 어렵다고 느껴진다면, 양손에 연수정을 쥐고 명상한다.

부정적인 감정들이 온몸을 돌아서 주는(자주 쓰는) 손을 통해 연수정 속으로 흘러드는 모습을 상상한다.
연수정이 부정적인 감정을 행복으로 변화시키는 모습을 상상한다.
연수정에서 흘러나온 행복이 받는(덜 쓰는) 손안의 연수정 속으로 흘러 들어가는 모습을 상상한다.
행복이 팔을 타고 올라와 심장 속으로 들어가, 심장이 박동할 때마다 온몸으로 퍼져나가는 모습을 상상한다.

처방 3 — 황수정

행복과 기쁨을 전파하는 사람이 되는 데 황수정을 이용하라.

다른 사람들과 접촉하기 전에, 주는(자주 쓰는) 손에 황수정을 쥐고 이 만트라를 반복한다. "어디를 가든, 누구를 만나든, 나는 행복을 전파한다."
황수정을 주머니에 넣고 세상으로 나간다. 이 방법으로 황수정 조각들을 충전해서 사람들에게 주어 행복을 선물할 수도 있다.

내면의 평화

개인적 평화든, 관계의 평화든, 집단 내의 평화든, 세계 평화든, 모든 평화는 내면의 평화에서 시작된다. 밖에 어떤 폭풍이 몰아쳐도 고요함 속에 머무르는 것은 타인들에게 파동의 본보기가 되고, 그를 통해 다른 사람들도 평화를 찾고 다시 주위에 전파하게 된다. 세상이 가장 깊은 어둠처럼 보일 때라도 이런 평화의 자리에 머무는 일은 가능하다. 그럴 수 있다면 아무리 힘든 시기가 찾아온다 해도 문제 될 것이 없다.

만트라

주위에서 어떤 일이 일어나더라도 나는 평화 속에 있다.

처방 1 — 라리마

몽환적인 청색을 발산하는 라리마는 아름다운 평화의 크리스털이자 요즘 내가 가장 좋아하는 돌의 하나이다(물론 좋아하는 돌은 수시로 바뀐다).

라리마를 응시 돌로 사용한다.

눈에서 30센티미터 쯤 떨어진 곳에 놓아둔 라리마를 응시하면서 만트라를 반복한다.

처방 2 — 블루 칼사이트

블루 칼사이트도 평화로운 돌로, 아드레날린이 솟구치면서 투쟁 도피 반응(긴박한 상황에서 자동으로 나타나는 흥분된 생리적 상태)이 일어나는 등 극심한 스트레스의 시기에 평화를 가져다준다.

블루 칼사이트를 지니고 다니다가, 평화가 필요할 때 받는(덜 쓰는) 손에 쥔다.

칼사이트의 고요하고 푸른 에너지가 손을 통해 흘러들어와 온몸을 타고 흐르는 모습을 상상한다.

처방 3 — 평화 그리드

'평화의 기도'는 평화로 가는 길을 제시한다. 힘이 닿는 것 바꾸기, 힘이 닿지 않는 것 내버려두기, 차이 이해하기. 이 크리스털 그리드는 가장 힘든 상황에서도 평화를 성취하는 데 도움이 된다. 통제하고자 하는 충동을 이겨내고 내버려둠으로써 내면의 평화와 지혜를 찾게 해주기 때문이다.

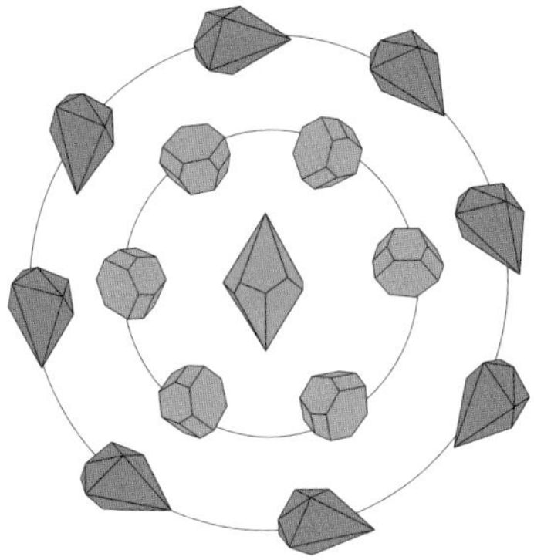

형태 원(단일성/통합)

중심석 터키석(내면의 평화)

의도석 아쿠아마린(내버려두기)

경계석 자수정(지혜)

사랑

사람들이 내게 크리스털에 관해 물어올 때, 가장 흔한 주제가 풍요와 사랑에 대한 에너지적 지원이다. 신의 무조건적인 사랑 속에 있는 우리는 (자각하지 못하더라도) 누구나 삶 속에 사랑이 있다. 그러나 로맨틱한 사랑이 없을 때 우리는 외로움을 느끼기도 하고, 관계에서 어려움을 겪을 때 사랑을 잃을까 두려워하기도 한다.

만트라

내가 남들에게 사랑을 주듯이,

나 또한 감사함으로 사랑을 받는다.

처방 1 — 장미 수정

로맨틱한 사랑에(그리고 무조건적 사랑을 포함한 모든 종류의 사랑에) 가장 널리 쓰이는 돌이 장미 수정이다. 반드시는 아니지만, 하트 모양의 장미 수정을 사용하는 것이 좋다.

로맨틱한 사랑이나 파트너십을 찾고 있다면, 장미 수정을 가슴 차크라에 대고 명상을 한다.

심장에서 흘러나온 사랑의 에너지가 장미 수정을 지나 사랑을 끌어당기는 자력을 품고 우주로 퍼져나가는 모습을 상상한다. 동시에 만트라를 반복한다.

처방 2 — 페리도트

어떤 관계에서든(로맨틱한 관계든 아니든) 어려움을 겪고 있다면, 페리도트가 화와 피해의식을 해소하고 관계 속에 사랑과 치유의 에너지를 가져와 줄 것이다.

편안하게 누워 가슴 차크라에 페리도트를 올려놓는다.

관계에서 어려움을 겪고 있는 상대를 떠올린다. 심장에서 흘러나온 녹색 빛이 페리도트를 지나서 치유하고자 하는 관계 속 상대의 심장으로 스며드는 모습을 상상한다.

이 만트라를 반복한다. "나는 사랑이 우리가 서로에게 주었던 고통을 치유하도록 허용한다."

처방 3 — 핑크 투르말린

신뢰가 사라져 사랑에 장애가 생긴다고 느껴지는 관계 속에 있다면, 핑크 투르말린을 이용한 세션이 신뢰를 구축하는 데 도움이 된다.

주는(자주 쓰는) 손에 핑크 투르말린을 쥔다.

핑크 투르말린의 에너지가 나와 상대를 감싸고 있는 모습을 상상한다.

동기부여

어떤 목표를 실현하려면 동기부여가 필수다. 살다 보면 평소보다 의욕이 떨어졌다고 느껴질 때가 있다. 동기부여는 개인 의지의 차크라인 태양신경총에서 나온다. 에너지의 불균형이 동기부여에 영향을 주기 때문에, 크리스털로 균형을 잡아주면 다시 긍정적인 방향으로 나아갈 수 있다.

만트라

나는 내가 선택하는 대로 할 수 있다.

처방 1 — 옐로 타이거 아이

옐로 타이거 아이는 개인적 의지를 증폭하는 크리스털이다.

편안하게 앉거나 누워서 옐로 타이거 아이를 태양신경총 차크라에 갖다 대고 만트라를 반복한다.

특정한 행동을 하기 위해 동기부여가 필요한 경우라면 다음처럼 특정 행동에 맞춘 만트라를 외울 수도 있다. 영양가 있는 식생활을 위해서는 "나는 나의 건강을 지켜줄 음식을 선택한다", 생활공간을 청소하기 위해서는 "나는 깨끗한 환경에서 살기로 선택한다".

처방 2 — 레인보우 플루라이트

레인보우 플루라이트는 집중과 동기부여에 매우 좋은 크리스털이다. 이런 목적으로는 목걸이나 펜던트로 착용하는 것이 좋은 선택이다.

동기부여가 필요한 날, 레인보우 플루라이트 목걸이나 펜던트를 주는(자주 쓰는) 손에 쥔다.

만트라를 반복한 뒤 몸에 착용한다.

처방 3 — 황수정과 에센셜 오일

크리스털을 에센셜 오일과 조합하면 집중과 동기부여 향상에 도움이 된다. 에센셜 오일 업체에서 출시한 동기부여 블렌드 상품을 사용하거나, 오렌지 오일이나 레몬 오일 같은 단품을 사용하면 된다.

에센셜 오일을 뿌려놓고 명상하면서, 황수정을 태양신경총 차크라에 가까이 댄 채 만트라를 반복한다.

부정성

부정성은 자신에게 올 수도 있고 타인에게도, 나아가 세계적인 사건에서도 올 수 있다. 어디에서 온 것이든, 부정성은 우리를 수렁에 빠뜨려 삶에서 긍정적인 창조에 집중하기 어렵게 만드는 에너지이다. 게다가 부정적인 공간에 있으면 재미도 없다. 크리스털 세션은 부정성을 변환하여 긍정성에 집중할 수 있도록 해준다.

만트라

나는 긍정적이기를 선택한다.
나는 내가 보고 경험하는 모든 것을 긍정의 렌즈를 통해 바라본다.

처방 1 — 연수정

앞서 얘기했듯이, 나는 집과 개인적 공간을 둘러싼 모든 에너지가 긍정적인 에너지로 변환되도록 집 건물과 전체 주거지 둘레에 연수정 조각들을 뿌려놓았다. 물론 이 정도까지 철두철미할 필요는 없다.

침대 밑이나 책상 위에 연수정을 놓아두어, 나를 둘러싼 에너지를 부정적인 것에서 긍정적인 것으로 변환하는 데 도움을 얻는다.
크리스털을 자주 정화한다. 특히 부정적인 환경에 있을 때는 더 자주 정화해 준다.

처방 2 — 헤마타이트 반지

헤마타이트는 내 안에서 온 것이든 타인이나 환경에서 온 것이든 모든 부정성을 흡수한다.

헤마타이트 반지나 블랙 투르말린 반지를 착용한다.

반지를 끼기 전에, 손에 쥐고 만트라를 반복한다.

주기적으로 정화하고, 깨진 돌은 교체한다.

처방 3 — 히말라야 소금 램프

지금까지 언급하지 않았지만 핑크 히말라야 소금은 생활공간을 긍정적인 환경으로 만드는 데 매우 좋은 크리스털이다. 많은 시간을 보내는 방 안에 히말라야 소금 램프나 촛대(215쪽의 '추가 정보' 섹션 참조)를 밝혀둔다. 전구나 양초 불꽃의 온기가 소금을 통과하면서 긍정적인 에너지장을 생성하여 부정성을 정화한다.

인내

우리 집안에서 떠도는 이야기에 따르면, 흔히들 그러듯 나도 어떤 상황에서 인내심을 잃는 경우가 종종 있다고 한다. 누구나 살다 보면 인내하기 힘들 때가 있고, 반대로 성자 수준의 인내심을 보여줄 때도 있다. 아래의 처방들은 우리에게 무언가가 조금 더 필요할 때 도움이 될 것이다.

만트라

이 또한 지나갈 것이다. 모든 것은 잠깐이다.

처방 1 — 하울라이트

하울라이트는 우리에게 인내를 가르쳐준다. 짜증을 다스려야 하는 경우가 잦은 라이프스타일을 살고 있다면(어린 자녀들, 은행 창구의 긴 줄, 학교 주차장의 광란 등) 하울라이트를 사용하라.

주머니에 부드러운 하울라이트를 휴대한다.
짜증이 올라오려 할 때 하울라이트를 워리 스톤으로 사용하면서 만트라를 반복한다.

처방 2 — 아마조나이트

만일 짜증으로 힘들어하고 있다면(달리 말해, 일반적으로 참을성이 없는 사람이라면) 아마조나이트를 활용해 보라. 짜증을 달래주고 마음을 안정시켜 더 침착한 상태가 될 수 있다.

주머니에 아마조나이트를 휴대하거나 잠잘 때 옆이나 침대 밑에 둔다.

처방 3 — 래브라도라이트

자신에 대한 인내심이 우리에게 정말로 필요할 때가 있다. 이럴 때 래브라도라이트가 사용하라. 나는 래브라도라이트를 집 안 곳곳에 두고 자주 장신구로 착용하는데, 그래서 참을성이 길러진 것일지도 모르겠다. 래브라도라이트 장신구를 적극 추천한다.

래브라도라이트 장신구를 착용하기 전에, 받는(덜 쓰는) 손에 래브라도라이트를 쥔다.

이 만트라를 반복한다. "나는 침착하다. 나는 평화롭다."

풍요

풍요로 고민하는 사람들이 많은데, 그 이유는 그 반대인 결핍이 우리 사회에 만연해 있기 때문이다. 풍요를 확립하는 열쇠는 충분하다고 믿는 것, 그리고 내가 풍요로워지기 위해 남에게 그 무엇도 빼앗아 올 필요가 없다고 믿는 것이다. 풍요를 돈과 관련된 문제로 여기는 사람들이 많지만, 사실 풍요는 사랑, 자비심, 기쁨, 우정, 건강, 돈 등 무엇이든 자신이 가치 있게 여기는 것을 많이 소유하는 것과 관련이 있다.

만트라

나는 내가 풍요롭다는 사실에 감사한다.

처방 1 — 황수정

황수정은 가장 잘 알려진 풍요 돌이다. 나는 황수정을 풍수(에너지 흐름을 활성화하기 위한 공간 배치 체계)와 조합하는 것을 좋아한다. 집 전체도 그렇고, 우리가 사는 집의 모든 방에는 풍요 코너가 존재한다. 각 방이나 집 전체의 풍요 코너가 어디인지 알려면, 방이나 집의 입구를 향해 서서 안쪽을 바라보았을 때 왼쪽 구석이다. 방향감각이 뛰어나거나 나침반을 사용할 수 있다면, 각 방이나 집의 남서쪽 구석 역시 부의 코너가 된다. 이 중의 한 방법을 이용해서 풍요 코너의 위치를 알아내자.

사용할 모든 황수정을 주는(자주 쓰는) 손에 쥐고 만트라를 반복하면서 에너지를 충전한다.

황수정을 각 방과 집 전체의 풍요 코너에 배치한다.

처방 2 — 아벤츄린

그린 아벤츄린도 풍요를 끌어오는 강력한 돌이다.

받는(덜 쓰는) 손에 아벤츄린을 쥐고, 자신이 자석이 되어 풍요를 끌어오는 모습을 상상한다.

만트라를 5분에서 10분 동안 반복한다.

처방 3 — 풍요 그리드

풍요 그리드를 만들어서 앞에서 설명한 집의 풍요 코너에 놓아둔다.

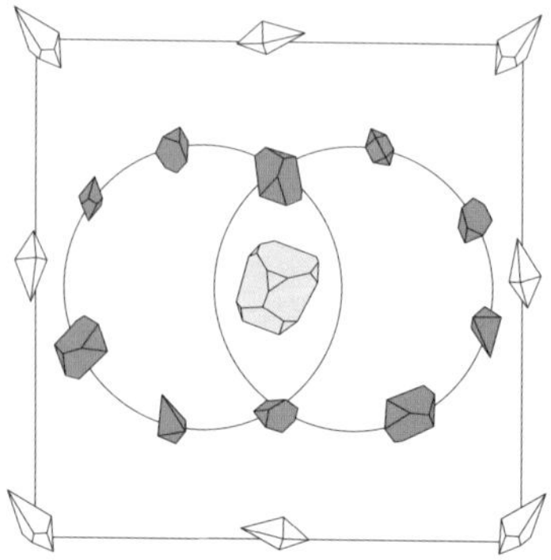

형태 쌍등원(창조)

중심석 황수정(풍요)

의도석 터키석(행운과 풍요)

경계석 백수정(에너지 증폭)

후회

후회는 우리에게 좋지 않은 영향을 줄 때가 많다. 나는 후회가 해소되지 않은 죄책감이나 수치심의 장기적 결과라고 생각한다. 후회에 사로잡히면 살아가면서 자신이 선택한 것에 집중하는 대신 선택하지 않았거나 선택하지 못했던 것에 집중하게 된다. 후회는 우리를 지금 여기에 뿌리내리지 못하게 하고 계속 과거에 초점을 맞추도록 만든다. 후회를 극복하려면 자기용서가 필수이다.

만트라

나는 과거에 대한 후회에서 벗어난다.

나는 나를 용서한다.

처방 1 — 장미 수정

후회를 놓아버리려면 자신을 향한 자비심이 근본적으로 중요하다. 아름다운 장미 수정은 자신을 용서하고 자기를 향한 자비심의 자리로 들어가 후회를 떠나보내는 데 도움이 된다.

등을 대고 누워 장미 수정을 심장에 올려놓는다.

장미 수정이 편안하게 느껴지면 눈을 감는다. 만트라를 반복한다.

처방 2 — 연수정

연수정은 낡은 신념들을 버리는 데 도움을 준다. 낡은 신념체계가 사라진 곳에 후회가 들어설 자리는 없다.

주머니에 연수정을 휴대한다.

후회가 밀려든다고 느껴지거나 마음이 과거로 빠져든다고 생각되면, 주는(자주 쓰는) 손에 연수정을 쥐고 후회하는 마음이 가라앉을 때까지 만트라를 반복한다.

이 과정을 수시로 진행한다.

처방 3 — 후회 해소 그리드

후회 해소를 그리드를 만들어서 침대 밑이나 많은 시간을 보내는 장소의 평평한 곳에 놓아둔다.

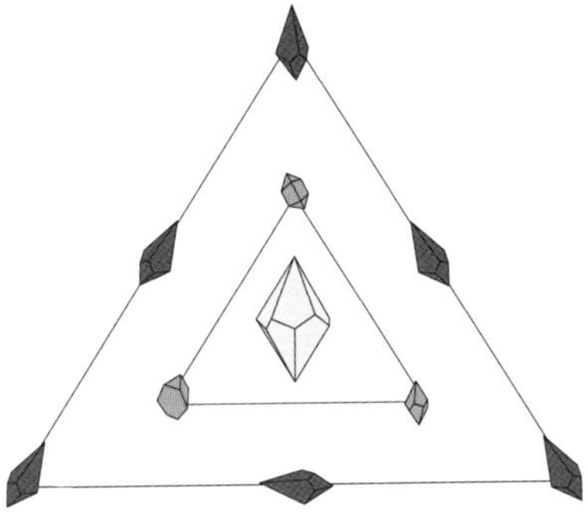

형태 삼각(몸, 마음, 정신 연결)

중심석 연수정(낡은 신념체계 해체, 부정성을 긍정성으로 변환)

의도석 아쿠아마린(낡은 패턴 해체)

경계석 블랙 투르말린(부정성 흡수)

거절

사적인 관계에서나 업무 등 다른 것과 관련해서, 누군가가 나를 거절했다는 느낌이 들면 상처받게 된다. 어떤 방식이든 자신을 '바깥에' 내놓는 일에는 항상 거절의 위험이 따른다. 이것은 그저 삶에서 일어나는 일일 뿐 우리가 통제할 수 없다. 그러나 거절에 대한 나의 반응은 통제할 수 있고, 또한 거절이 나의 새로운 시도를 가로막는다는 두려움은 통제할 수 있다.

만트라

두려움이 느껴질 때라도,

나는 나의 가장 좋은 결과를 위해 기꺼이 위험을 감수한다.

처방 1 — 장미 수정

거절이 우리의 심장을 찌를 때가 있다. 상대가 나를 원할지, 나를 좋아할지, 나를 선택할지, 그 여부는 통제할 수 없다. 하지만 그 사실을 안다고 해서 거절당했을 때 상처받지 않는 것은 아니다. 거절의 고통을 치유하려면 자기애의 자리로 돌아가야 하는데, 장미 수정이 효과가 있다.

거절의 창에 찔려 고통스럽다면, 장미 수정 장신구를 착용한다.

장미 수정에서 무조건적 사랑이 흘러나와 온몸에 흐르는 모습을 상상한다.

처방 2 — 헤마타이트

궁극적으로 거절에 대한 두려움을 극복하는 과제의 핵심은 두려움 자체를 극복하는 것이다. 두려움은 뿌리 차크라에서 생성되는 감정으로, 안전과 안정감에 연관되어 있다.

받는(덜 쓰는) 손에 헤마타이트를 쥐고 명상한다.

만트라를 반복하면서, 거절에 대한 두려움이 검은 구름이 되어 나의 몸에서 헤마타이트로 흘러 들어가는 모습을 상상한다.

명상이 끝나면 헤마타이트를 정화한다.

처방 3 — 옐로 타이거 아이

거절은 자아상과 자존감에 영향을 주는 차크라인 태양신경총에 충격을 준다. 이 차크라를 강화하면 과거의 거절에서 온 고통을 극복하고 미래의 거절에 대한 면역력을 높이는 데 도움이 된다. 강한 자존감을 지니게 되면, 거부당했을 때 악영향으로 고통받는 일이 줄어든다.

등을 대고 편안히 누워, 옐로 타이거 아이를 태양신경총 차크라에 올려놓는다.

타이거 아이의 에너지가 몸속으로 들어와 자존감을 강화해 주는 모습을 상상한다.

자신감

자신감과 오만 사이의 경계선은 가늘다. 뒷받침이 될 만한 실력이나 지식도 없이 지나친 자신감으로 넘쳐나는 사람들이 있는가 하면, 능력이 뛰어난데도 '사기'로 비칠까 봐 스스로 자신의 성취를 깎아내리는 사람들도 있다. 자신감의 한쪽에는 과도함이, 다른 쪽에는 결핍이 있다. 성공과 기쁨과 확신을 가능케 하는 완벽한 균형은 정중앙에 있다. 따라서 에너지들의 균형을 맞춰야 한다.

만트라

나는 나 자신을 무조건으로 받아들인다.

처방 1 — 옐로 타이거 아이

옐로 타이거 아이를 이용한 명상은 자칫 오만으로 흐를 수 있는 과도함을 흡수하여 건강한 자신감을 확립하게 해준다.

주는(자주 쓰는) 손에 쥔 옐로 타이거 아이를 태양신경총 차크라에 대고 명상한다.

이 만트라를 반복한다. "나는 나를 있는 그대로 받아들인다."

처방 2 — 황수정

증폭하는 크리스털인 황수정은 자신감도 강화한다.

황수정을 받는(덜 쓰는) 손에 쥐고 명상하면서 만트라를 반복한다.

황수정에서 나온 금빛 광채가 나를 완전히 둘러싸면서 자신감이 되어 내 안으로 흘러드는 모습을 상상한다.

처방 3 — 호박

호박은 태양신경총 차크라의 에너지를 강화하고 그 당당한 온기를 보호한다.

자신감의 양극단 중 한쪽에 처했다면 호박 장신구 착용을 추천한다. 호박의 가장 완벽한 위치는 목걸이나 팔찌이다.

스트레스

현대의 삶은 스트레스의 연속이다. 일, 가족 의무, 개인 활동 같은 일상뿐 아니라 통제 불능처럼 보일 때가 많은 세계 사건과 사태도 우리에게 스트레스를 안겨준다. 이런 상황에서 스트레스 관리는 전반적인 건강과 균형을 위해 필수다.

만트라

놓아버리자.

처방 1 — 옐로 타이거 아이

스트레스는 태양신경총 차크라와 연관된 부신에 영향을 준다. 옐로 타이거 아이는 스트레스의 결과로써 불균형을 야기하는 과도한 에너지를 흡수하여 균형을 잡는다.

등을 대고 누워, 옐로 타이거 아이를 태양신경총 차크라에 올려놓는다. 깊이 호흡하면서, 평온함이 느껴질 때까지 필요한 만큼 만트라를 반복한다.

처방 2 — 연수정

연수정은 강력한 안정화 에너지를 지니고 있어서, 스트레스가 심한 상황에서 투쟁 도피 반응으로 들어갔을 때 신속하게 균형을 되찾게 한다. 연수정은 스트레스를 받았을 때 달래주고 균형을 잡아주기 때문에 항상 가지고 다닌다.

스트레스가 느껴졌을 때, 한 손에 연수정을 쥔다.

연수정이 편안하게 느껴지면 눈을 감는다. 숨을 들이마신다. 숨을 내쉬면서 만트라를 뇐다.

이 과정을 스트레스가 가라앉을 때까지 진행한다.

처방 3 — 헤마타이트

스트레스는 본질적으로 두려움의 반응인데, 헤마타이트는 두려움 흡수에 좋은 크리스털이다.

스트레스가 느껴질 때, 덜 쓰는 손에 헤마타이트를 쥔다.

스트레스 에너지가 검은 구름이 되어 나에게서 헤마타이트로 흘러가는 모습을 상상한다.

스트레스 세션을 할 때마다 헤마타이트를 정화한다.

신뢰

신뢰는 내가 안전하다는 믿음이 있을 때만 찾아온다. 어린 시절에 정서적, 신체적, 정신적 트라우마를 겪었던 사람들이 신뢰 문제로 힘들어하는 경우가 많다(경미한 트라우마도 모두 중요하다). 그 경험을 자신이 안전하지 않다는 의미로 해석했기 때문이다. 따라서 스스로 안전하다고 느끼게 만드는 모든 방법이 신뢰 확립의 길이 된다.

만트라

나는 우주의 자비를 믿는다.

나는 안전하다.

처방 1 — 가넷

안전과 안정감의 문제는 뿌리 차크라에서 생겨나기 때문에, 신뢰하기에 충분히 안전하다고 느끼기 위해서는 이 차크라의 에너지를 바로잡아주어야 한다.

편안하게 앉거나 누워서 가넷을 뿌리 차크라 가까이 놓는다.

가넷이 안전하다고 느껴지면 눈을 감는다.

깊이 호흡하면서 만트라를 반복한다.

처방 2 — 카넬리언

신뢰하지 못하겠다고 느껴지는 대상이 나 자신이라면 어떻게 될까? 많은 사람의 경우, 다른 사람과 하는 약속보다 자신과 하는 약속을 지키지 않을 때가 훨씬 더 많다. 진실성 결핍(자신 포함)은 천골 차크라와 연관된 문제로, 카넬리언이 이 차크라의 균형을 잡아줄 수 있다.

편안하게 누워 천골 차크라에 카넬리언을 올려놓는다.

이 만트라를 반복한다. "나는 나를 신뢰한다. 나는 나에게 한 말을 지키는 사람이다."

처방 3 — 자수정

신뢰를 느끼지 못하는 대상이 우주 일반일 때가 있다. 이런 사람들은 삶이 일반적으로 안전하지 않다고 느끼면서 그에 따른 행동을 하기도 한다. 자수정은 우리를 신의 안내와 연결해 준다. 좋은 결과로 이끄는 신의 안내에 따르면 우주를 향해 더 큰 신뢰가 생겨난다.

자수정을 제3의 눈 차크라에 놓는다.

만트라를 반복하며 명상한다.

한눈에 보는 크리스털

컬러 가이드

블랙

아파치 티어

헤마타이트

블랙 재스퍼

로드스톤

오닉스

블랙 투르말린

블랙 칼사이트

블랙 제이드

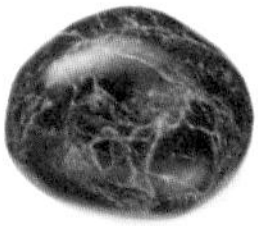

블랙 카이아나이트

흑요석

블랙 오팔

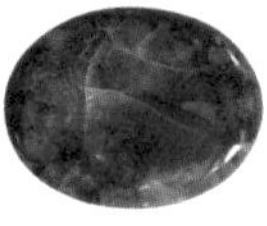

블루

블루 레이스 아게이트

아쿠아마린

블루 칼사이트

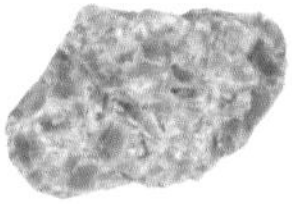

블루 플루라이트

래브라도라이트

라리마

소달라이트

블루 타이거 아이

블루 아파타이트

블루 아벤츄린

블루 칼세도니

블루 카이아나이트

라피스 라줄리

사파이어

탄자나이트

터키석

브라운

브라운 아게이트

오렌지 아벤츄린

브라운 아파타이트

재스퍼

그레이

블랙 또는 그레이 아게이트

그레이 아벤츄린

보츠와나 아게이트

연수정

그린

모스 아게이트

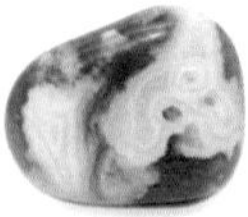

그린 아벤츄린

에메랄드

그린 플루라이트

차보라이트 가넷

말라카이트

페리도트

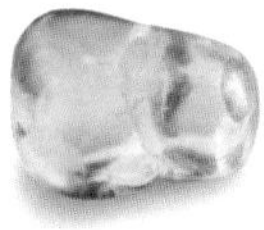

아마조나이트

그린 칼사이트

에피도트

푸크사이트

그린 제이드

몰다바이트

그린 투르말린

오렌지

오렌지 아파타이트

카넬리언

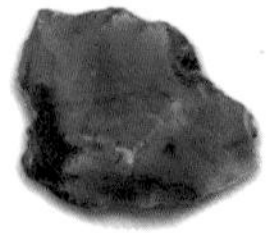

피치 문스톤

파드파라차 사파이어

오렌지 아벤츄린

헤소나이트 가넷

파이어 오팔

다중색

줄무늬 아게이트

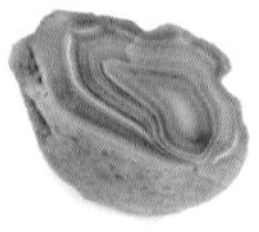

레인보우 플루라이트

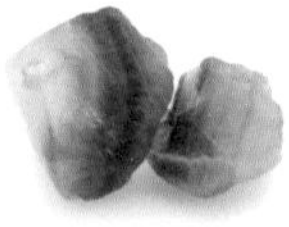

아메트린

워터멜론 투르말린

핑크

핑크 아파타이트

핑크 댄버라이트

로도크로사이트

핑크 투르말린

핑크 칼사이트

핑크 플루라이트

장미 수정

퍼플

퍼플 아게이트

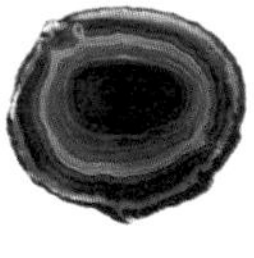

퍼플 칼사이트

라벤더 제이드

자수정

퍼플 블루라이트

레드

레드 아게이트

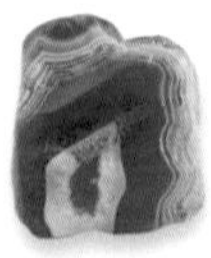

레드 가넷

레드 재스퍼

레드 타이거 아이

레드 칼사이트

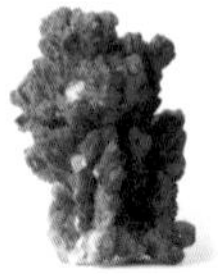

레드 제이드

루비

화이트·투명

화이트 아게이트

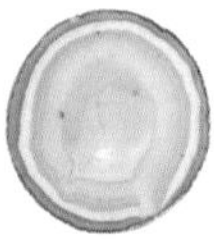

댄버라이트

하울라이트

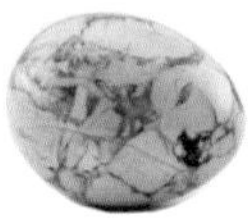

문스톤

백수정

화이트 칼사이트

무색 플루라이트

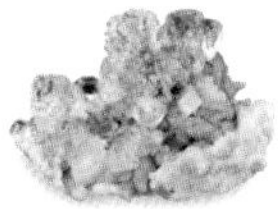

화이트 제이드

오팔

셀레나이트

옐로

옐로 아게이트

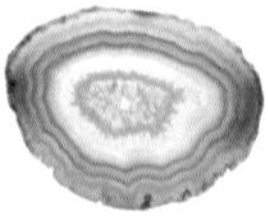

옐로 아파타이트

옐로 칼사이트

옐로 댄버라이트

옐로 제이드

옐로 타이거 아이

호박

옐로 아벤츄린

황수정

옐로 플루라이트

옐로 카이아나이트

토파즈

용어 설명

결정 체계 *crystal system* 결정 격자 패턴에 따라 구분해 놓은 여러 체계.

그라운딩 *grounding* 인체의 에너지를 땅의 에너지에 뿌리내리도록 하는 일.

등축정계 *isometric* 결정 구조 체계의 한 형태로, 이 계열 크리스털들은 에너지를 증폭한다.

만트라 *mantra* 마음을 집중하기 위해 명상 중에 외는 모든 것.

단사정계 *monoclinic* 결정 구조 체계의 한 형태로, 이 계열 크리스털들은 보호자이다.

동조 *entrainment* 가까워졌을 때 서로 달랐던 진동이 동기화되는 두 에너지 체계.

받는 손 *receiving hand* 에너지를 받아들이는 손으로, 대개는 덜 쓰는 손.

사방정계 *orthorhombic* 결정 구조 체계의 한 형태로, 이 계열 크리스털들은 정화하고 청소하고 제거한다.

삼사정계 *triclinic* 결정 구조 체계의 한 형태로, 이 계열 크리스털들은 경계를 설정하여 외부 에너지를 물리친다.

상위 의식 *higher consciousness* 더 높은 자아, 인간의 신적인 측면, 영혼.

신 *divine* 더 차원 높은 영역.

에너지 *energy* 우주 내 모든 물질의 바탕을 이루는 것.

오라 *aura* 신체에서 방사되는 에너지장.

워리 스톤 *worry stone* 엄지를 대고 문지르는 매끈하고 평평한 돌.

육방정계 *hexagonal* 결정 구조 체계의 한 형태로, 이 계열 크리스털들은 에너지를 발현케 한다.

정방정계 *tetragonal* 결정 구조 체계의 한 형태로, 이 계열 크리스털들은 욕구 성취에 도움을 준다.

정화 *cleansing* 크리스털이 본래의 주파수로 진동할 수 있도록 불필요한 에너지를 씻어내는 일.

조합 *aggregate* 결정 구조 없이 여러 가지 광물이 혼합된 것.

주는 손 *giving hand* 몸으로부터 에너지를 내보내는 손으로, 대개는 자주 쓰는 손.

직관 *intuition* 상위 의식에서 오는 정보.

차크라 *Chakra* 물질적인 것을 비물질적인 것과 연결하는 에너지 센터.

충전 *charging* 크리스털의 에너지에 의도를 더하는 방법.

확언 *affirmation* 긍정적 의도의 진술.

추가 정보

웹사이트

Amazon.com 훌륭한 히말라야 소금 램프 셀렉션을 제공한다. 검색창에 'Himalayan salt lamp'를 치면 된다.

Crystal-Cure.com 크리스털의 종류와 속성에 대한 정보를 제공하고 제품을 판매한다.

HealingCrystals.com 내가 애용하는 온라인 크리스털 숍으로, 다양한 크리스털을 구비하고 훌륭한 정보도 풍부하게 제공한다.

Minerals.net 광물에 관한 과학적이고 기술적인 정보 데이터베이스.

Myss.com 차크라에 관해 훌륭한 정보를 제공하는 작가 캐럴라인 미스 *Caroline Myss*의 웹사이트.

책

The Chakra Bible: The Definite Guide to Working with Chakras by Patricia Mercier (New York: Sterling Publishing, 2007)

Crystals for Healing: The Complete Reference Guide by Karen Frazier (Berkley, CA: Althea Press, 2015)

Higher Vibs Toolbox: Vibrational Healing for an Empowered Life by Karen Frazier (La Vergne, TN: Afterlife Publishing, 2017)

The Subtle Body: An Encyclopedia of Your Energetic Anatomy by Cyndy Dale (Louisville, CO: Sound True, 2014)

참고문헌

Crystal Age. "A Brief History of Crystals and Healing." Accessed June 13, 2017. www.crystalage.com/crystal_information/crystal_history/

———. "The Seven Crystal Systems." Accessed June 13, 2017. www.crystalage.com/crystal_information/seven_crystal_systems/

Dictionary.com. "Piezoelectric Effect." Accessed June 13, 2017. www.dictionary.com/browse/piezoelectric-effect

GemSelect. "How Gemstones Get Their Colors." March 11, 2008. Accessed June 13, 2017. www.gemselect.com/other-info/about-gemstone-color.php

Golombek, D. A., and R. E. Rosenstein. "Physiology of Circadian Entrainment." *Physiological Reviews* 90, no. 3 (July 2010): 1063-102. doi:10.1152/physrev.00009.2009

Hadni, A. "Applications of the Pyroelectric Effect." *Journal of Physics E: Scientific Instruments* 14, no. 11 (November 1981): 1233-240. iopscience.iop.org/article/10.1088/0022-3735/14/11/002/pdf

Larson Jewelers. "What Is the Difference Between a Gemstone, Rock, and Mineral?" May 17, 2016. Accessed June 13, 2017. blog.larsonjewelers.com/difference-between-a-gemstone-rock-and-mineral/

Minerals Education Coalition. "Quartz." Accessed June 13, 2017. mineralseducationcoalition.org/minerals-database/quartz/

Online Dictionary of Crystallography. "Crystal System." June 7, 2017. Accessed June 13, 2017. reference.iucr.org/dictionary/Crystal_system

ScienceDaily. "Pyroelectricity." Accessed June 13, 2017. www.sciencedaily.com/terms/pyroelectricity.htm

Shea, Neil. "Cavern of Crystal Giants." *National Geographic*. November 2008. Accessed June 13, 2017. http://ngm.nationalgeographic.com/2008/11/crystal-giants/shea-text

Starr, Michelle. "Quartz Crystal Computer Rocks." CNET. May 19, 2014. Accessed June 13, 2017. www.cnet.com/news/quartz-crystal -computer-rocks/

Thompson, R. J., Jr. "The Development of the Quartz Crystal Oscillator Industry of World War II. *IEEE Trans Ultrason Ferroelectr Freq Control* 52, no. 5 (May 2005): 694-7. www.ncbi.nlm.nih.gov/pubmed/16048172

The Watch Company, Inc. "Quartz Watches. WatchCo.com. Accessed June 13, 2017. www.watchco.com/quartz-watches/

찾아보기

ㄱ

가넷garnet
설명 *112*
신뢰 처방 *200*
페어링 *45*
가슴(넷째) 차크라 *67-68, 71*
감사 처방 *170-172*
거절 처방 *194-195*
걱정 불안 처방 참조
격자 패턴 *18-19, 41, 43*
결단력 처방 *162-164*
결정 체계 *18-19, 41, 43*
경계 설정 처방 *156-157*
관리 *55-56*
광물 *20*
구체 *42*
균형 처방 *154-155*
그리드 크리스털 그리드 참조
근심 불안 처방 참조
근육 테스트 *56*

ㄴ

나선 *64*
내면의 평화 처방 *177-179*

ㄷ

다이아몬드 *20*
단사정계 크리스털
설명 *19, 43*
로드스톤 *120*
말라카이트 *121*
문스톤 *123*
셀레나이트 *131*
아마조나이트 *99*
에피도트 *110*
제이드 *114*
칼세도니 *107*
푸크사이트 *111*
하울라이트 *113*
대리석 *21*
댄버라이트danburite *108*
동기부여 처방 *182-183*
동조화 *22, 53*
등축정계 크리스털
설명 *19, 43*
가넷 *112*
소달라이트 *132*
플루라이트 *86-87*

ㄹ

라리마larimar
설명 *119*
내면의 평화 처방 *177*

라피스 라줄리lapis lazuli 118
래브라도라이트labradorite
설명 117
경계 설정 처방 157
인내 처방 187
페어링 44
러프 결정 37
레인보우 플루라이트rainbow flourite
설명 38
균형 처방 154
동기부여 처방 183
슬픔 그리드 174
로도크로사이트rhodochrosite
설명 128
용서 처방 168
로드스톤lodestone 120
루비ruby
설명 129
슬픔 처방 173-174
페어링 45

ㅁ

마그네타이트magnetite 로드스톤 참조
마음 52
만트라 70, 개별 처방 참조
말라카이트malachite
설명 121
부러움 처방 166
화 처방 148-149
화 해소 그리드 150
머카바 42
명상 70
목(다섯째) 차크라 67-68, 71
몸 52
몰다바이트moldavite 122
무정형 크리스털
설명 18, 43
몰다바이트 122
아파치 티어 102
오팔 126
호박 100
흑요석 124
문스톤moonstone 123

ㅂ

발진기 25
백수정clear quartz
설명 38, 84-85
감사 그리드 171-172
균형 처방 155
용기 그리드 161
용서 그리드 65, 169
제3의 눈 그리드 163-164
페어링 45
풍요 그리드 189-190
학대 그리드 143-144
베릴beryl 109
부러움 처방 165-167
부정성 처방 184-185
보석 20
보석수 57
불안 처방 151-153

블랙 투르말린 black tourmaline
설명 *38, 78-79*
균형 처방 *155*
페어링 *45*
학대 그리드 *144*
후회 해소 그리드 *193*
블레이드 *37*
뿌리(첫째) 차크라 *66, 68, 71*

ㅅ

사각 *65*
사랑 처방 *180-181*
사면체 *42*
사방정계 크리스털
설명 *19, 43*
댄버라이트 *108*
탄자나이트 *133*
토파즈 *135*
페리도트 *127*
사파이어 sapphire *130*
삼각 *65*
삼사정계 크리스털
설명 *19, 43*
라리마 *119*
래브라도라이트 *117*
카이아나이트 *116*
터키석 *94-95*
생리 리듬 circadian rhythm *22*
색상
차크라 *66-69*
크리스털 *18, 203-212*
셀레나이트 selenite
설명 *131*
용서 그리드 *65, 169*
소달라이트 sodalite
설명 *132*
불안 처방 *152*
소리 진동 *71*
수정/석영 quartz 칼세도니·백수정·장미 수정·연수정 참조
설명 *29*
석영을 이용한 정화 *53*
과학 기술과 크리스털 *25*
스트레스 처방 *198-199*
슬픔 처방 *173-174*
시기 부러움 처방 참조
신뢰 처방 *200-201*
신성기하학 *42, 64-65*
십이면체 *42*
싱잉 볼 *71*
쌍등원 *64*

ㅇ

아게이트 agate *98*
아마조나이트 amazonite
설명 *99*
용기 그리드 *161*
인내 처방 *186-187*
아메트린 ametrine
설명 *101*
결단력 처방 *163-164*
아벤츄린 aventurine
설명 *105*

부러움 처방 165-166
풍요 처방 189
아쿠아마린aquamarine
설명 104
감사 처방 170-171
용기 그리드 161
용기 처방 160-161
자비심 처방 159
평화 그리드 178-179
후회 해소 그리드 193
아파치 티어apache tears
설명 102
슬픔 그리드 174
슬픔 처방 173
용서 처방 168-169
페어링 44
아파타이트apatite
설명 103
부러움 처방 166-167
안전 60-61
암석 21
압전 효과 23
에너지 22-24, 26-28, 51
에너지 증폭 크리스털
가넷 112
댄버라이트 108
래브라도라이트 117
로도크로사이트 128
로드스톤 120
장미 수정 90-91
루비 129
몰다바이트 122
문스톤 123
백수정 84-85
사파이어 130
셀레나이트 131
소달라이트 132
연수정 92-93
아게이트 98
아메트린 101
아벤츄린 105
아쿠아마린 104
아파타이트 103
에메랄드 109
에피도트 110
오팔 126
자수정 76-77
지르콘 137
칼사이트 106
칼세도니 107
탄자나이트 133
토파즈 135
투르말린 136
페리도트 127
호박 100
황수정 82-83
흑요석 124
에너지 흡수 크리스털
라리마 119
라피스 라줄리 118
말라카이트 121
블랙 투르말린 78-79
아마조나이트 99
오닉스 125
아파치 티어 102
재스퍼 115

제이드 *114*
카넬리언 *80-81*
타이거 아이 *134*
터키석 *94-95*
푸크사이트 *111*
플루라이트 *86-87*
하울라이트 *113*
헤마타이트 *88-89*
호박 *100*
에메랄드emerald *109*
에센셜 오일
동기부여 처방 *183*
불안 처방 *152-153*
에피도트epidote *110*
연마석 *37*
연수정smoky quartz
설명 *38, 92-93*
부정성 처방 *184*
스트레스 처방 *198-199*
슬픔 그리드 *174*
페어링 *44*
행복 처방 *175-176*
후회 처방 *192*
후회 해소 그리드 *192-193*
옐로 타이거 아이yellow tigers eye
거절 처방 *195*
동기부여 처방 *182*
스트레스 처방 *198*
자신감 처방 *196*
학대 처방 *143*
오닉스onyx *125*
오팔opal *20, 126*
올리바인olivine 페리도트 참조
완드 *37*
용기 처방 *160-161*
용서 처방 *168-169*
원 *64*
원석 *36-37*
우주 돌 몰다바이트 참조
육면체 *42*
육방정계 크리스털
설명 *19, 41*
로도크로사이트 *128*
루비 *129*
블랙 투르말린 *78-79*
백수정 *84-85*
사파이어 *130*
아게이트 *98*
아메트린 *101*
아벤츄린 *105*
아쿠아마린 *104*
아파타이트 *103*
에메랄드 *109*
연수정 *92-93*
오닉스 *125*
자수정 *76-77*
장미 수정 *90-91*
재스퍼 *115*
카넬리언 *80-81*
칼사이트 *106*
칼세도니 *107*
타이거 아이 *134*
투르말린 *136*
헤마타이트 *88-89*
황수정 *82-83*
의도 *54-55, 59*

이십면체 42
인내 처방 186-187
인센스 54

ㅈ

자비심 처방 158-159
자수정amethyst 황수정 참조
- 설명 38, 76-77
- 결단력 처방 162
- 불안 처방 152-153
- 슬픔 그리드 174
- 신뢰 처방 201
- 제3의 눈 그리드 163-164
- 중독 처방 146
- 창의성 그리드 66
- 페어링 44
- 평화 그리드 178-179

자신감 처방 196-197
장미 수정rose quartz
- 설명 38, 90-91
- 감사 그리드 171-172
- 감사 처방 170
- 거절 처방 194
- 사랑 처방 180
- 자비심 처방 158
- 페어링 45
- 학대 그리드 143-144
- 화 해소 그리드 149-150
- 후회 처방 191

재스퍼jasper
- 설명 115
- 화 처방 149

전기 22-24
정방정계 크리스털
- 설명 19, 43
- 지르콘 137

정신 53
정화 53-54, 71
제3의 눈(여섯째) 차크라 67-68, 71
제이드jade 114
중독 처방 145-147
증폭, 에너지 증폭 참고
지르콘zircon 137
지오드 37
진동
- 진동과 동조화 22-24
- 소리 71

진주 20
질투 부러움 참조

ㅊ

차크라 66-68, 71, 146-147, 개별 크리스털 참조
천골(둘째) 차크라 67-68, 71
천연석 36, 37
초전기 효과 23

ㅋ

카넬리언carnelian
- 설명 38, 80-81
- 신뢰 처방 201

부러움 처방 *166-167*
학대 그리드 *143-144*
학대 처방 *142-143*
카이아나이트 kyanite
설명 *116*
경계 설정 처방 *156-157*
슬픔 그리드 *174*
칼사이트 calcite
설명 *106*
내면의 평화 처방 *177-179*
칼세도니 chalcedony *107,* 오닉스 참조
컷 스톤 *37*
크라운(일곱째) 차크라 *68, 71*
크리솔라이트 chyrsolite 페리도트 참조
크리스털 개별 크리스털 및 처방 참조
설명 *18, 20-21*
개인적 필요 *31*
격자 패턴 *18-19*
과학 기술과 크리스털 *23*
관련 신화 *28-29*
관리 *55-56*
구입 *35-36*
다용도 *38-39, 76-95*
모양 *36-37, 42*
보관 *60*
상표명 *40-41*
색상 *18, 20, 203-212*
선택 *41, 43-44, 56-57*
쇼핑 팁 *46-48*
안전 *60-61*
에너지 *22-24, 26-27, 51*
정화 *53-54, 71*
천연과 인공 *21*
치유 *17, 52-53, 57-58*
페어링 *44-45*
프로그래밍 *54-55*
크리스털 그리드
설명 *64-66*
감사 *171-172*
슬픔 *174*
용기 *161*
용서 *65, 169*
제3의 눈 *163-164*
창의성 *66*
평화 *178-179*
풍요 *189-190*
학대 *144*
화 해소 *149-150*
후회 해소 *192-193*
크리스털 동굴 *46*
클러스터 *37*

E

타이거 아이 tigers eye *134,* 옐로 타이거 아이 참조
탄자나이트 tanzanite *133*
태양신경총(셋째) 차크라 *67-68, 71*
터키석 turquoise
설명 *38, 94-95*
균형 처방 *155*
경계 설정 처방 *157*
평화 그리드 *179*
풍요 그리드 *190*
텍타이트 tektite *122*
토파즈 topaz *135*

투르말린tourmaline 블랙 투르말린 참조
설명 *136*
사랑 처방 *181*

ㅍ

팔면체 *42*
페너사이트phenacite *31*
페리도트peridot
설명 *127*
사랑 처방 *181*
자비심 처방 *159*
펙톨라이트pectolite 라리마 참조
포인트 *37*
푸크사이트fuchsite *111*
풍요 처방 *188-190*
프로그래밍 *54-55*
플루라이트fluorite *86-87,* 레인보우 플루라이트 참조

ㅎ

하울라이트howlite
설명 *113*
인내 처방 *186*
학대 처방 *142-144*
행복 처방 *175-176*
헤마타이트hematite
설명 *38, 88-89*
거절 처방 *195*
부정성 처방 *185*
스트레스 처방 *197*
슬픔 그리드 *174*
중독 처방 *145-146*
호박amber
설명 *20, 100*
불안 처방 *151*
자신감 처방 *197*
행복 처방 *175*
화 처방 *148-150*
확언 명상 *70*
황수정citrine
설명 *38, 82-83*
동기부여 처방 *183*
용기 그리드 *161*
용기 처방 *160*
자신감 처방 *196-197*
창의성 그리드 *66*
페어링 *45*
풍요 그리드 *189-190*
풍요 처방 *188-189*
학대 그리드 *143-144*
행복 처방 *176*
후회 처방 *191-193*
흑요석obsidian *124,* 아파치 티어 참조
흑전기석schorl 블랙 투르말린 참조
흡수 에너지 흡수 크리스털 참조
히말라야 소금 *185*
힐링 개별 처방 참조
몸, 마음, 정신 *52-53*
소리 *71*
의도 *54-55, 59*
크리스털 선택 *56-57*
팁 *57-58*

추가 저작권 표시

Page 21: Albert Russ/Shutterstock.com (hematite); Hapelena/Shutterstock.com (smoky quartz); J. Palys/Shutterstock.com (rose quartz, clear quartz, yellow citrine, rainbow fluorite & black tourmaline); Sergey Lavrentev/Shutterstock.com (amethyst); Verbaska/Shutterstock.com (turquoise); Mivr/Shutterstock.com (carnelian); page 27: Ozef/Shutterstock.com (labradorite); Vvoe/Shutterstock.com (apache tears); Albert Russ/Shutterstock.com (ruby); page 76: Verbaska/Shutterstock.com (rough); Afitz/Shutterstock.com (polished); page 77: Marcel Clemens/Shutterstock.com (rough); Phodo/iStock (polished); page 78: Humbak/Shutterstock.com (rough); Bestfotostudio/iStock (polished); page 79: PNSJ88/Shutterstock.com (rough); VvoeVale/iStock (polished); page 80: Shutterstock.com (rough); page 81: Imfoto/Shutterstock.com (rough); VvoeVale/iStock (polished); page 82: J. Palys/Shutterstock.com (rough); VvoeVale/iStock (polished); page 83: J. Palys/Shutterstock.com (rough); Verbaska/Shutterstock.com (polished); page 84: Ratchanat Bua-Ngern/Shutterstock.com (rough); Photo/iStock (polished); page 85: VvoeVale/iStock (rough); Reload Studio/iStock (polished); page 87: Imfoto/Shutterstock.com (rough); Byjeng/Shutterstock.com (cut); page 88: Vvoe/Shutterstock.com; page 89: Marcel Clemens/Shutterstock.com (rough); SirChopin/Shutterstock.com (polished); page 93: DrPas/iStock (rough); Verbaska/Shutterstock.com (polished); page 94: Stefan Malloch/iStock (rough); Voe/Shutterstock.com (polished); page 95: J. Palys/Shutterstock.com (rough); page 96: J. Palys/Shutterstock.com (rough); Oliver Mohr/Shutterstock.com (polished); page 97: Kakabadze George/Shutterstock.com (rough); Oleg1/iStock (polished); page 98: Vitaly Raduntsev/Shutterstock.com (rough); page 99: Mali Lucky/Shutterstock.com (rough); Madien/Shutterstock.com (polished); page 100: Stellar Gems/Shutterstock.com (rough); page 101: Vvoe/Shutterstock.com (rough); page 102: Only Fabrizio/Shutterstock.com (rough); PNSJ88/Shutterstock.com (polished); page 103: J. Palys/Shutterstock.com (rough); Nastya Pirieva/Shutterstock.com (polished); page 104: Michael C. Gray/Shutterstock.com (rough); Alexander Hoffmann (polished); page 105: Albert Russ/Shutterstock.com (rough); Vvoe/Shutterstock.com (polished); page 106: PNSJ88/Shutterstock.com (rough); Vvoe/Shutterstock.com (polished); page 107: Bigjo5/iStock (polished); page 108: Imfoto/Shutterstock.com (rough);

Tinalmages/Shutterstock.com (polished); page 109: VvoeVale/iStock (rough); Only Fabrizio/Shutterstock.com (polished); page 110: Optimarc/Shutterstock.com (rough); VvoeVale/iStock (polished); page 111: PNSJ88/Shutterstock.com (rough); page 112: J. Palys/Shutterstock.com (rough); Coldmoon Photoproject/Shutterstock.com (polished); page 113: Albert Russ/Shutterstock.com (rough); Nika Lerman/Shutterstock.com (cut); page 114: Martina Osmy/Shutterstock.com (rough); Bildagentur Zoonar GmbH/Shutterstock.com (cut); page 115: Andy Koehler/123RF (rough); SPbPhoto/Shutterstock.com (polished); page 171: Roy Palmer/Shutterstock.com (apache tears, calcite & kyanite); Marcel Clemens/Shutterstock.com (opal); Vvoe/Shutterstock.com (jasper); Albert Russ/

Shutterstock.com (tourmaline); Stockcam/iStock (jade); page 172: Bjphotographs/Shutterstock.com (calcite); Coldmoon Photoproject/Shutterstock.com (tiger's eye); Martina Osmy/Shutterstock.com (aventurine); page 173: OKondratiuk/Shutterstock.com (orange aventurine); Tyler Boyes/Shutterstock.com (apatite); Jiri Vaclavek/Shutterstock.com (brown agate); Benedek/iStock (jasper); Clari Massimiliano/Shutterstock.com (Botswana agate); Vvoe/Shutterstock.com (gray aventurine); Potapov Alexander/Shutterstock. com (gray agate); Pancrazio De Vita/Shutterstock.com (smoky quartz); page 174: Olpo/ Shut- terstock.com (fluorite); Albert Russ/Shutterstock.com (garnet); page 175: MarcelC/ iStock (apatite); Fullempty/iStock (calcite); Nadezda Boltaca/Shutterstock.com (garnet); Imfoto/ hire): TinaImages/Shutterstock.com (opal); Hsvrs/iStock (agate); page 176: Optimarc/Shutterstock.com (pink apatite); Vvoe/Shutterstock.com (pink calcite); PNSJ88/ Shutterstock.com (pink fluorite); Optimarc/Shutterstock.com (rose quartz); Albert Russ/ Shutterstock (purple calcite); Nantarpats/Shutterstock.com (jade); Godrick/iStock (agate); page 177: Vangert/Shutterstock.com (agate); Vvoe/Shutterstock.com (tiger's eye); Dafinchi/ Shutterstock.com (calcite); YaiSirichai/Shutterstock.com (jade); Aregfly/Shutter- stock. com (jasper); Imfoto/Shutterstock.com (garnet); page 178: Zelenskaya/Shutterstock. com (agate); Albert Russ/Shutterstock.com (fluorite); Miljko/iStock (jade); page 179: Imfoto/ Shutterstock.com (aventurine); Tom Grundy/Shutterstock.com (kyanite); Reload Design/ Shutterstock.com (tiger's eye); Roy Palmer/Shutterstock.com (apatite); Warunee Chanopas/ Shutterstock.com (calcite); Pig photo/Shutterstock.com (fluorite); Nastya22/ Shutterstock. com (agate); HelloRF Zcool/Shutterstock.com (jade); J. Palys/iStock (topaz); back cover, top to bottom: Martina Osmy/Shutterstock.com; Joannabrouwers/iStock.com; Verbaska/ Shutterstock.com; Fullempty/iStock; Martina Osmy/Shutterstock.com